Le ombre del talento

di ROBERTO MIALI

Indice

Analogie

I bambini sono il peggior futuro, essi saranno adulti!

I vecchi servono e non servono. I giovani servono poco ma attingono ai pozzi dei vecchi e degli adulti.

Il matrimonio è una poesia apparente con la richiesta di un poema di certezza.

Nessuna donna è una madre pura.

La vita? L'assurda virtù della nascita!

Forse siamo sempre un ricordo. Comunque nel mio possibile io continuerò verso il futuro, mi rimangono i sogni.

Tra la vita e la morte c'è di mezzo l'incomprensione.

Odatto Secondo (Odatto II)

TESTO TEATRALE
(in prima stesura)

Si apre il Sipario... In Scena ci sono Odatto Secondo e Clotollea a dare inizio al dramma teatrale.

ODATTO S.

Non sempre sia giusto dettare le leggi, ma nel mio caso sono costretto a farlo, per ottenere che il popolo di Marcisia si comporti secondo i miei voleri.

CLOTOLLEA

Tu sei l'imperatore, perciò a te comporta indirizzare il tuo popolo verso il bene e guidare i tuoi soldati alla vittoria. Io ti amo e ti darò sempre quiete nei momenti più ansiosi.

ODATTO S.

Tu vuoi essere generosa con me, ma è difficile starmi accanto, io sono un folle, sensibile ma pieno di estro quasi impetuoso, io sono come i forti soffi del vento!

CLOTOLLEA

Certo, si deve temere la tua intelligenza, è diversa da quella degli altri. Tu affascini e poi lasci il tuo segno indelebile.

ODATTO S.

Intenderesti dire che vorresti staccarti da me, però ti sia impossibile?

CLOTOLLEA

No, io non voglio perderti, io rimarrò sempre con te!

ODATTO S.

Attenta a dire "sempre", lo può pronunciare solo una dea.

CLOTOLLEA

Ma io desidero essere una dea per te.

ODATTO S.

Non spalmarti di presunzione, ti prego. Accontentati di essere una donna meravigliosa e rimani tale. Con te io passo momenti celebri dentro l'amore.

CLOTOLLEA

Le tue parole mi riempiono d'orgoglio e di gioia, tu sei la vita.

ODATTO S.

Non ti ripudierò mai, ti darò sempre rigoglio. Tu sei come un fiore e io sono come la pioggia a dissetarlo. Domani notte ti darò un bacio e ti racconterò di un cratere ardente, la cui fiamma a getto perenne abbia il colore delle viole.

CLOTOLLEA

Il viola è il mio colore preferito! Mi porterai un giorno a vederlo?

ODATTO S.

No, è troppo pericoloso avvicinarsi a quel cratere, si rischia di scivolare nel suo inferno di fuoco.

CLOTOLLEA

Ma tu ci sei andato e…

ODATTO S.

E altri sono bruciati dentro.

CLOTOLLEA

È orribile!

ODATTO S.

Se non si fosse trattato anche di quella maledetta curiosità, affermerei che fosse stato un disegno della sorte.

CLOTOLLEA

Tu credi alla sorte?

ODATTO S.

Tutto ci è già assegnato, credimi.

CLOTOLLEA

Anche questo Impero a te?

ODATTO S.

Io l'ho ereditato, succedendo a mio padre Odatto Primo.

CLOTOLLEA

Non nomini mai tua madre, per qual ragione?

ODATTO S.

Ella ha compiti di madre, appunto, e non vedo che legame possa avere con il mio dominio.

CLOTOLLEA

Non ti piacerebbe presentarmi a lei?

ODATTO S.

Clotollea, se tu voglia andare d'accordo con me e amarmi, non insistere mai.

CLOTOLLEA

Sì, certo, tu sei l'imperatore, chiamato anche il bellissimo!

ODATTO S.

Vuoi costringermi a essere spiacevole verso di te?

CLOTOLLEA

No, ti prego, io non volevo essere impudente, bensì solo sottolineare il tuo carisma e il tuo potere.

ODATTO S.

Ma questo era ovvio! Comunque, non ho nulla da perdonarti, tu sei quasi perfetta. È il "quasi" che io debba scoprire nella mia arrovellata mente.

CLOTOLLEA
Non dubitare, o mio imperatore, io sono tutta tua devota. Ora mi congedo e aspetterò con emozione di vederti dopodomani sera.

ODATTO S.
Clotollea, non dirmi mai una menzogna. A presto.

CLOTOLLEA
Non potrei, non ho alcuna menzogna in serbo. Inoltre, tu
sei più intelligente dell'intelligenza stessa.
ESCE DI SCENA

Rimasto solo, Odatto Secondo libera dalla sua turbinata mente uno dei suoi soliloqui.

ODATTO S.
< Io sono Odatto Secondo, il bellissimo, l'imperatore di Marcisia, un territorio incantevole. Esso confina a valle con il deserto e in cima con il cielo. Ha tre piccole città, di cui una molto popolosa, e isolato nel silenzio, ma circondato dalle case dei miei numerosi e fidati famigli e soldati, c'è questo castello in cui io viva appunto. E quale battaglia offensiva o difensiva ingaggiai contro un nemico?... io lo so! Il mio esercito

è agguerrito e ben addestrato, capace di far fronte a ogni avversario. Io medesimo sono molto abile nell'uso della spada e della lancia e sono geniale nella strategia bellica, traendo anche vantaggio dalla posizione naturale del mio territorio. Chi mai oserebbe ancor attaccarmi? C'è sempre qualcuno in cerca di sconfitta! In amore mi ha attaccato Clotollea, convinta della sua seduzione, ma ha dovuto ritrarre le sue malizie e chinarsi all'imperatore. Io amo l'amore della donna ma non ne sono schiavo. Il vero pericolo per me pare essere la mia mente folle di tanti voli nell'astratto e nell'iperbole, leggiadrie sterminate. Oh, domani incontrerò mia madre, spero che non abbia troppe affettuosità verso di me! >
ESCE DI SCENA

Odatto Secondo entrando in scena incontra la madre che levandosi di scatto dalla poltrona si precipita ad abbracciarlo più volte.

MADRE

Tesoro mio, sei venuto a trovarmi! Fatti guardare: sei proprio l'imperatore, il bellissimo! Mi manchi! Non ti allontanerai più per le battaglie, vero?

ODATTO S.

Madre, il mio dovere è anche quello di difendere l'impero di Marcisia, se occorresse.

MADRE

Certo! Ho saputo che una certa Clotollea stia cercando di circuirti, è vero?

ODATTO S.
Madre, nessuna potrà mai insidiarmi, so come le donne siano fatte. Ti preoccupi un po' troppo.

MADRE
Ma tu sei il mio Odatto, non possono portarmelo via.

ODATTO S.
Solo io e la morte possiamo.

MADRE
Ma tu non potresti mai stare senza tua madre, vero?

ODATTO S.
Madre, io non ti penso.

MADRE
Tesoro, come fai a dirmi questo? Io vivo per te!

ODATTO S.
L'hai fatto anche quando ci fosse mio padre, ora basta!

MADRE
Ma un figlio ha bisogno della madre.

ODATTO S.

Se dovessi avere bisogno di una donna, non saresti di certo tu, ma un'amante.

MADRE

Quella Clotollea ti sta proprio giocando. Stai attento, finirai per soffrire, sarai anche umiliato!

ODATTO S.

Io rispetto Clotollea, perciò ti prego di non parlare di lei in questo modo.

MADRE

Vedi, ti ha già messo contro di me. È una donna perfida!

ODATTO S.

Madre, non voglio affondare la mia spada nel tuo petto, quindi fermati e non sproloquiare più.

MADRE

Tu faresti questo contro di me?

ODATTO S.

Se fosse necessario, sì, lo farei.

MADRE

Io ho amore per te e tu hai odio per me. Come puoi?

ODATTO S.

Tu hai affetto per me, è naturale, e io ho indifferenza per te, l'hai voluto tu. Non costringermi ad avere anche sdegno.

MADRE

Stai offendendomi!

ODATTO S.

Madre, tu sai benissimo che non sia così. Non voglio aggiungere altro.

MADRE

Tesoro, tu sei malato, tu sei pazzo.

ODATTO S.

Io non sono malato e la mia follia mi appartiene e non ti riguarda.

MADRE

Ti prego, Odatto, fatti curare, andiamo da un dottore.

ODATTO S.

E cosa dovrei raccontargli, che mia madre mi ami così tanto da sperare che io non m'innamori mai di un'altra donna o persona?

MADRE

Clotollea è il tuo danno! Quando io abbia appreso che lei ti frequentasse, mi sono spaventata, temendo appunto che tu finissi nella delusione più cocente.

ODATTO S.
Il mio danno sei tu! Ora basta, fermiamo qui il discorso. Ti saluto, madre.

MADRE
Aspetta, ti voglio mostrare una cosa.

ESCONO DI SCENA

Si chiude e si riapre il Sipario… Entrano in scena Odatto Secondo e Clotollea, che poi si siedono sul bordo del palcoscenico, frontalmente alla platea.

ODATTO S.
Vieni, Clotollea, sediamoci là, su quel masso in riva al torrente.

CLOTOLLEA
È bello qui, in questo silenzio mormorato dalle acque. Sono parole tue, Odatto, quando sei in vena di poesia.

ODATTO S.
Mi allieta che tu abbia ricordo del mio animo. È così rara la sensibilità.

CLOTOLLEA

Io non dimentico una sola tua parola, tu sei il bellissimo in tutto.

ODATTO S.
Come sei dolce, o Clotollea.

CLOTOLLEA
Io ti amo per davvero!

ODATTO S.
Si può amare per finta?

CLOTOLLEA
Oh, sì, si può ingannare in amore.

ODATTO S.
Ma tu non lo farai mai, sei una donna sincera.

CLOTOLLEA
Sì, io vorrò sempre ottenere la tua fiducia.

ODATTO S.
La fiducia di un folle?

CLOTOLLEA
La fiducia di un supremo. Ora parlami di quel cratere con le fiamme viola.

ODATTO S.

Esso è l'apoteosi della maledizione, pur essendo un capolavoro dell'inquieta natura.

CLOTOLLEA
Però dev'essere affascinante osservarlo da vicino.

ODATTO S.
Sì, ma pericoloso, come ogni cosa affascinante.

CLOTOLLEA
Allora devo temere anche te?

ODATTO S.
Soltanto se tu sbagliassi comportamento.

CLOTOLLEA
Il vero amore non può sbagliare, è saldo al sentimento.

ODATTO S.
Vieni, tenera e onesta Clotollea, ti faccio conoscere un altro luogo incantevole.

CLOTOLLEA
Sì, io desidero con gioia conoscere i luoghi che ti diano respiro e meditazione.

ODATTO S.
Essi appagano la mia malinconia.

CLOTOLLEA
Io potrò mai guarirti dalla malinconia?

ODATTO S.

La malinconia è un bene prezioso, mi tiene lontano dalle illusioni dell'allegria presuntuosa e idiota.

CLOTOLLEA

Nessuno potrà mai capire la tua somma intelligenza. Io mi limiterò ad esserti sempre devota.

ODATTO S.

Io non ti ripudierò mai, sei un fiore solitario.

CLOTOLLEA

E se qualcuno lo strappasse via?

ODATTO S.

Nessuno oserebbe.

CLOTOLLEA

Tu mi proteggeresti sempre?

ODATTO S.

Nel mio possibile, sì!

CLOTOLLEA

Tu sei imbattibile, lo so.

ODATTO S.

Solo la forza della natura è più forte di me.

CLOTOLLEA
Vorresti diventare un dio?

ODATTO S.
La divinità mi ha già premiato, io sono l'imperatore, il bellissimo, e ho te per le notti.

CLOTOLLEA
Sì, io sono e mi sento tua!

ODATTO S.
Perfetta precisazione.

CLOTOLLEA
Sorge dal mio animo e dal mio corpo.

ODATTO S.
Affonderei la mia spada nel petto di chiunque volesse profittare di te e della tua bellezza.

CLOTOLLEA
È per me meraviglioso sapere di essere difesa, grazie. Ora andiamo, ci aspetta la notte.

ESCONO DI SCENA

Si ode propagarsi la voce straziante di Clotollea che stia bruciando orribilmente nel cratere.

CLOTOLLEA
< Aaaaaaaaahhhhhhhhh!!! Dopo la felicità dell'amore, questa fine orribile, noooooooooo!!! >

Appresa la tragica notizia, Odatto Secondo passeggia avanti e indietro lungo il palcoscenico in preda a un dolore trafiggente l'animo.

ODATTO S.
< Quale maledizione potesse mai decidere così, se non la perfidia di qualche invidiosa dea! O dio del bene, puniscila togliendole il piacere dell'orgasmo e della vista, affinché capisca il suo orrendo misfatto! O Clotollea, perché hai voluto disobbedire e avvicinarti a quel cratere infernale! So che volevi farmene dono della sua conoscenza, sicché potessimo parlarne più a lungo. Ma poteva bastarti il mio racconto. Oh, io ho sempre temuto la curiosità, porta a risultati spesso devastanti! Ora sono solo, l'amore è sparito, non lo ripeterò più. Sanguina il mio animo trafitto dal dolore atroce e la ferita è inguaribile. Ora respingo anche me stesso e la mia sensibilità, niente mi conforterà! >

ESCE DI SCENA

Una luce speciale, soffusa, inebria il palcoscenico. Seduta su di una sontuosa poltrona c'è una veggente. Odatto Secondo entra a farle visita.

VEGGENTE

Voi siete, dunque, il supremo Odatto Secondo? Che onore!

ODATTO S.

Sì, e sono qui per chiedervi tre cose.

VEGGENTE

La prima, suppongo, si riferisca alla salvezza del vostro Impero.

ODATTO S.

Il mio Impero non vacilla, è solido. Invece la prima domanda si rivolge al futuro del mio devoto Adirando. Egli spesso tace il rapporto con l'intimità della vita. Egli è timido o tormentato?

VEGGENTE

Egli è in dissidio con sé stesso. Non ha la forza di scegliere.

ODATTO S.

Adirando è un guerriero forte e valoroso in battaglia!

VEGGENTE

Ma si può essere fragili in privato. Infatti egli non sa chi amare.

ODATTO S.

Egli ama più me che la famiglia. Per me darebbe la vita.

VEGGENTE

Sì, è un guerriero leale e fedele. E voi, supremo Odatto Secondo, siete anche bellissimo. Perciò, l'amore è anche un derivato. Mi sono spiegata a sufficienza?

ODATTO S.

Certo, non potevate esprimervi meglio!

VEGGENTE

Ma cercate di non abusare della vostra intelligenza e della vostra bellezza. Qual è la seconda domanda?

ODATTO S.

Ora potrebbe essere rivolta verso di voi, mi osservate a lungo.

VEGGENTE

Sì, io potrei amarvi, molto!

ODATTO S.

La mia vanità è compiaciuta.

VEGGENTE

Attento però, la vanità può diventare pericolosa.

ODATTO S.

Ho sempre sconfitto ogni pericolo.

VEGGENTE

Qual è la vostra terza domanda?

ODATTO S.

Si riferisce alla vostra sapienza.

VEGGENTE

M'incuriosisce.

ODATTO S.

Attenta, la curiosità può essere pericolosa.

VEGGENTE

Ma io voglio sapere.

ODATTO S.

Per qual dono divino mai voi possiate vaticinare?

VEGGENTE

Dentro di me io sento così. Ma voi, o supremo, non credete in me?

ODATTO S.

Non credo in voi. Non sapete misurare la grandezza dell'amore.

VEGGENTE

Voi sapete farlo?

ODATTO S.
Sì, rifiutando la sposa.

VEGGENTE
E cosa non rifiutate?

ODATTO S.
Le virtù dell'amore.

VEGGENTE
Siete un privilegiato.

ODATTO S.
Sì, e sono venuto qui per dirvelo.

VEGGENTE
La vostra baldanza m'incute timore.

ODATTO S.
E continuate ad averne. Ora vi saluto. Manderò un mio messo a portarvi un dono per il vostro impegno.

VEGGENTE
Servirvi è un onore. Io vi ossequierò sempre!

ODATTO S.
Questo lo so, lo fanno e lo devono fare tutti.

ESCE DI SCENA

Odatto Secondo sta aspettando Adirando, che subito dopo
ENTRA IN SCENA.

ADIRANDO
Eccomi, sono accorso subito. In cosa debba servirvi?

ODATTO S.
Sono preoccupato per te.

ADIRANDO
Perché mai?

ODATTO S.
Dimmi quale sia la tua sofferenza.

ADIRANDO
La mia sofferenza sarebbe se non potessi più stare al
vostro fianco in battaglia.

ODATTO S.
Ma io voglio sapere quale sia la sofferenza della tua
vita intima.

ADIRANDO
La mia famiglia mi vuole bene, non ci sono incertezze.

ODATTO S.
Intendo dire della tua vita intima segreta.

ADIRANDO

Io non ho segreti nel mio animo.

ODATTO S.

Non hai forse un sentimento nascosto per qualcuno?

ADIRANDO

Mi è difficile capire e non saprei rispondere.

ODATTO S.

Ad esempio, per me hai un affetto più da fratello o più da amico?

ADIRANDO

Voi siete il mio Imperatore, io vi ubbidirò sempre!

ODATTO S.

Mi sento solo. Sapresti confortarmi?

ADIRANDO

Voi potete avere tutto quello che desideriate, basta un vostro ordine. Chiedete e io organizzerò per voi una serata piena di allegria, con musici, ballerine e giocolieri.

ODATTO S.

Sei molto gentile, mio fidato Adirando, però mi annoierei. Preferisco qualcosa di più privato.

ADIRANDO

Vedrò di accontentarvi, mio Imperatore.

ODATTO S.

Ne riparleremo. Per ora ho soltanto voluto indagare nel tuo pensiero. Puoi andare.

ADIRANDO

Ero diretto alla Terme, per controllare che tutto funzioni come nel vostro volere.

ODATTO S.

Tu mi diventerai indispensabile, come l'ossigeno per respirare.

ADIRANDO

Potete contare a pieno su di me.
ESCE DI SCENA

Odatto Secondo si aggira per il palcoscenico, come fosse in alto su un bastione. D'improvviso sfodera la spada, accorgendosi di una misteriosa presenza, Ghost.

GHOST

La spada tu sfoderi, con qual intento? Io non ho arma.

ODATTO S.

Sangue pretendo sgorgar dal tuo petto!

GHOST

Qual malvagio atto io abbia commesso verso di te per meritarmi l'ira della tua spada?

ODATTO S.
D'infiltrarti nelle mie questioni.

GHOST
Volevo che tu mi confidassi il vero.

ODATTO S.
Il vero di che cosa?

GHOST
Del tuo reato.

ODATTO S.
È reato amare con rispetto una donna?

GHOST
No di certo, anzi è poesia. Ma rubare una donna al convento del silenzio è un grave peccato!

ODATTO S.
Io l'ho salvata dal buio della rinunzia.

GHOST
Non spetta a te redimere gli animi smarriti nella religione.

ODATTO S.

Però spetta a me farli ravvedere, suggerendo le incognite
intime.

GHOST

Solo agli spettri è concesso sussurrare agli animi.

ODATTO S.

Tu sei pericoloso.

GHOST

Ma il pericolo viene dalla tua spada e non dalle mie parole.

ODATTO S.

Lo sai meglio di me che le parole feriscano più delle spade.

GHOST

Questo è solo un pensiero comune. Una volta trafitto, il petto non respira più. Invece le parole pian piano svaniscono nel nulla.

ODATTO S.

Allora dovrò usare la spada.

GHOST

Se essa sia capace di trapassare lo spirito.

ODATTO S.

Sei dunque invulnerabile?

GHOST
Sono visibile ma intoccabile.

ODATTO S.
Ad ogni modo, io ti farò smarrire.

GHOST
Provare si può, riuscire è più difficile e spesso impossibile.

ODATTO S.
La mia spada è sempre arrivata a segno.

GHOST
La mia immagine, però, è sempre sfuggita.

ODATTO S.
Si vedrà.

GHOST
Non sfidare l'impossibile, potresti pentirtene.
ODATTO S.
Finora non mi sono mai pentito.

GHOST
Questo, ahimè, è un altro grave errore umano.

ODATTO S.

Gli errori li commettono i deboli.

GHOST
Ma nessuno è forte abbastanza.

ODATTO S.
Continui a sfidarmi, stai attento!

GHOST
Io sparisco e tu mi cercherai nel miraggio.

ODATTO S.
Allora prendi questo affondo!

GHOST
La tua spada è inoffensiva, si perde nel vuoto.

ODATTO S.
Dimmi, dove sei nato, tra i dannati?

GHOST
Nel vento del deserto.

ODATTO S.
Le tue risposte mi irritano.

GHOST
Inquietarsi non serve. Mantieni la calma e ti ritroverai.

ODATTO S.

Sì, nell'irrisione!

GHOST

Non sempre lo scherno è un diluvio, a volte può essere solo un'innocua pioggia.

ODATTO S.

Ma il tuo dileggio inonda la mia pazienza! Prendi quest'altro affondo e va all'inferno!

GHOST

La porta dell'inferno è chiusa agli spettri.

ODATTO S.

Ma tu sei soltanto un seccatore!

GHOST

Cosa ti disturba tanto di me?

ODATTO S.

La tua arroganza!

GHOST

Non è vero. Quello che ti disturbi di me è l'imprevedibilità. Tu non riesci a controllare i miei cambiamenti d'umore.

ODATTO S.

Sei mai irascibile?

GHOST

A volte sono iracondo, a volte sono pacifico, dipende.

ODATTO S.

Dammi una risposta precisa, la pretendo!

GHOST

Io non sto agli ordini di alcuno, sono molto più indipendente di un sovrano come te.

ODATTO S.

Per caso vuol essere un'offesa?

GHOST

Se tu la colga come tale, sì.

ODATTO S.

Quest'oltraggio lo pagherai. La mia spada ora ti finirà.

GHOST

Non ci riuscirai mai! Ti offro una possibilità: tu ammetti di essere un corrotto e io mi allontano senza far fare brutta figura alla tua spada.

ODATTO S.

Spudorato, tu mi proponi un compromesso!

GHOST

Non ti peserà, ne hai già tanti sulle spalle.

ODATTO S.
Per qual vile motivo sei venuto a tormentarmi?

GHOST
Voglio solo salvare la tua coscienza.

ODATTO S.
Tu non c'entri con la mia coscienza.

GHOST
E il tuo popolo c'entra con la tua coscienza?

ODATTO S.
Il mio popolo è ubbidiente e onesto.

GHOST
Nessun popolo è onesto. Nessun regnante è onesto. Nessuno è onesto.

ODATTO S.
E tu cosa sei?

GHOST
L'ombra nelle tenebre. Cioè, ombra con sembianze di persona morta e quello che incomba minacciosamente.

ODATTO S.
Spiegati.

GHOST

Sarò il tuo giustiziere. Apparirò e scomparirò finché tu non morirai d'ansia o di spavento.

ODATTO S.

Tu sei assurdo!

GHOST

E tu sei illuso!

ODATTO S.

Nulla mi spaventa e m'illude, invece ecco la mia spada a mandarti all'inferno fra i maledetti!... (Affonda la spada nel suo petto) Mi piace guardarti morire.

Il palcoscenico è vuoto per alcuni minuti. Sorge soltanto una musica suadente a far compagnia alla solitudine (El concierto de Aranjuez). Poi compare d'improvviso in scena la misteriosa Astrea (N. B. sarà interpretata dall'attrice che farà anche Clotollea) e il suo guardarsi attorno sorprende e incuriosisce. Chi o cosa stia cercando? È di passaggio Adirando, fidato uomo dell'imperatore.

ASTREA

Tu che mi sembri un uomo fidato, puoi dirmi dove io possa vedere l'imperatore Odatto Secondo?

ADIRANDO

Per qual ragione lo stai cercando?

ASTREA
Per l'onore di conoscerlo.

ADIRANDO
Lo informerò e ti saprò dire. Ora riferiscimi il tuo nome.

ASTREA
Il mio nome è Astrea e vengo dalla città più popolosa della Marcisia, ma sono straniera.

ADIRANDO
Intanto puoi soggiornare alle Terme e bagnarti nelle sue calde acque, ma non fare amicizie con alcuna e inoltre con la tua bellezza non portare corruzioni indesiderate e insane. Questi sono i voleri dell'imperatore!

ASTREA
Sarò obbediente, a me interessa soltanto conoscere l'imperatore, il bellissimo.

ADIRANDO
Bene! Seguimi, ti condurrò alla Terme.
ESCONO DI SCENA

Ora, nel vuoto del palcoscenico, riprende quella musica suadente. Quando finisce, entra in scena Astrea e si mette in attesa. Compare Odatto Secondo, che poi si ferma subito sul passo, ostentando indifferenza.

ODATTO S.

Gentile dama, cosa l'abbia spinta fino a me?

ASTREA

Il desiderio di trovarmi al suo cospetto. Di lei, imperatore, si parla tanto.

ODATTO S.

E cosa si dica di me?

ASTREA

Ognuno ha la propria opinione, ma si dice anche un gran bene.

ODATTO S.

E quale sarebbe il male?

ASTREA

Che lei sia troppo punitivo e che non ami sua madre.

ODATTO S.

Lei sa cosa sia l'amore?

ASTREA

Forse potrei dimostrarglielo.

ODATTO S.

È così convinta di riuscirci?

ASTREA
Una donna può arrivare ovunque, se lo voglia.

ODATTO S.
Lei somiglia in maniera gemellare a una donna, ora defunta, a tal folle punto di farmi dubitare che non sia morta ma si sia ripresentata. Io l'amavo. Però una differenza s'impone: dai suoi occhi, gentile dama, non trapela la medesima dolcezza e sensibilità d'animo. Perciò, la ringrazio del suo interesse e la faccio riaccompagnare a destinazione.

ASTREA
Perché vuole congedarmi così freddamente e lasciarmi un ricordo amaro e spiacevole?

ODATTO S.
Non ho alcun obbligo verso di lei. Inoltre, lei è ambiziosa e io non sono facile alle lusinghe. Conclusione, ora devo salutarla, sono atteso dai miei impegni.

ASTREA
Mi sono proprio illusa di riuscire ad entrare nelle sue simpatie.

ODATTO S.
Nella vita ci si illude sempre, mi creda.

ASTREA
Ma si spera sempre.

ODATTO S.
Può darsi. Buon viaggio di ritorno al suo luogo.

ASTREA
Sarà un viaggio di dispiacere.

ESCE DI SCENA

Rimasto solo, Odatto Secondo cade nell'inquietudine intima per quella somiglianza. E la sua follia lo conduce fino a brandire la spada e colpire con ira ogni oggetto (ipotetico, ma c'è in scena un vaso alto che egli manderà in frantumi).

ODATTO S.
< Qual maligno e malefico pensiero mi colse di somigliarla a Clotollea! Scacciarlo io voglio dalla mia mente sconvolta e scusarmi con la defunta, soave creatura. Ma non posso chiudermi nel vivere di un ricordo assoluto, bensì ho il dovere di ripropormi un percorso esistenziale. La perdita di Clotollea devo considerarla definitiva. Oh, questo frantume del vaso, ora nella mia mano, mi fa andare con la memoria a quando fossi fanciullo e non accettassi alcuna compagnia, eccetto quella della cugina Miraggia, alla quale piacesse farmi una sorpresa, o sciocca abitudine,

spuntando da dietro il vaso collocato a un lato della porta di accesso a quel salone. Ella morì giovane, cadendo da cavallo durante una spensierata cavalcata in mia compagnia. Che dolore per me vedere il suo bel volto trasfigurato dal sangue e dalle fratture! La vita è un esperimento allestito da un destino cinico, crudele e inesorabile! >

ESCE DI SCENA

Odatto Secondo è seduto in poltrona a meditare. Entra in scena Adirando.

ADIRANDO
Eccomi ad ascoltare ogni suo ordine.

ODATTO S.
Ho deciso di esiliare mia madre. La condurrai fino a una lontana oasi del deserto.

ADIRANDO
Quando dovrò farlo?

ODATTO S.
Subito, non appena avrà preparato la sua roba. Partirete al tramonto. Trovale una sistemazione degna e confortevole.

ADIRANDO
Sarà fatto come da ordini.

ODATTO S.

Lo so. Tu sei il mio più fidato.

ADIRANDO
Fino alla morte, mio imperatore!

ODATTO S.
So anche questo. Ora vai a predisporre tutto per il
viaggio.

ADIRANDO
Sarò di ritorno al più presto, desidero che lei possa
contare sempre su di me e sulla mia spada.

ODATTO S.
Certo, ci conto sul tuo valore e sulla tua lealtà.

ADIRANDO
Grazie per la fiducia. Mio imperatore, volevo
informarla che alcuni religiosi e alcuni cittadini siano
in fermento a causa di quella sua legge che impedisca
di vegliare un morto. Io ho spiegato loro che lei
sostenga che i defunti debbano essere rispettati in virtù
del loro trapasso dalla terra all'infinito e che perciò le
veglie disturbino il loro viaggio verso l'eterno.

ODATTO S.
Risultato?

ADIRANDO

Essi continuano a protestare con veemenza.

ODATTO S.
Io non ho un'ideologia religiosa e considero il loro culto una manifestazione povera dello spirito. Inoltre, sostengo che l'indignazione sia un concetto paranoico. Perciò, deploro tutti i contestatori e li corredo di severe privazioni.

ADIRANDO
Devo agire subito o al mio ritorno?

ODATTO S.
Fra pochi giorni sarà il mio compleanno. Lo festeggerò celebrando le punizioni, esse serviranno di esempio a tutti. Ora vai.

ADIRANDO
Sarò di ritorno prima del suo compleanno.
ESCE DI SCENA

Rimasto solo, Odatto Secondo ricade nei suoi soliloqui pieni di inquiete riflessioni.

ODATTO S.
< Punire mi piace e mi dispiace, però è giusto farlo. Mandare in esilio mia madre solleverà un vento di ingiurie contro di me. Non m'importa. Privare il mio popolo, però mai i miei soldati, di certe allegrie, quali ad esempio le feste, un po' mi addolora, ma la fermezza a volte è proprio necessaria. Un giorno mi

ringrazieranno per aver imperato in favore del vivere semplice e costruttivo. Qui in Marcisia il male non dovrà mai mettere radici.

Sta avvicinandosi la notte, ecco che il mio animo si rabbui come le tenebre e un lungo conflitto mi restituisca l'inquietudine di ogni giorno precedente al giorno successivo, è una catena di continui tuffi nel passato. Ma io devo resistere, arriverà l'inverno, più simile alle mie intime malinconie che precipitino nel mio animo come pietre negli abissi.

O Clotollea, non sei più nella mia memoria! Dove svaniscano i ricordi e chi li abbia raccolti per portarmeli via? Oggi sono più vecchio di un anno. La vecchiezza mi spaventa, più del suo tremore e meno della morte. Ma tu, Clotollea, riposi nella quiete oppure sei ancora desta e in attesa della fine lassù? Morire qual compimento sia? In teatro io amo la tragedia, nella vita io non amo che il nulla! Avevi ancora tempo per amarmi, ma il destino ha voluto punire la tua stolta sfiducia, o forse il mio racconto ti aveva troppo incuriosita e attratta fino a precipitare in quell'orribile cratere. E adesso non ci sei più! La mia vita è solitudine. La mia persona è potere! La mia superbia è suprema, io sono l'imperatore Odatto Secondo, il bellissimo! >

Si chiude e si riapre il Sipario... Una luce surreale inonda il palcoscenico. Odatto Secondo sta allenandosi alla spada. D'improvviso appare la figura di Clotollea soprannaturale.

CLOTOLLEA

< Io sono sempre con te, indelebile. Tu ora sei infelice, lo so. La mia lontananza turba i segreti del tuo animo e i tuoi pensieri diventano pesanti macigni. Nessun'altra donna potrà confortarti, ma solo consolarti per una breve notte, poi l'ombra della solitudine ti perseguiterà qua e là senza tregua. Io soffro per te, ma non mi è dato di poterti alleviare. Io sono ovunque, ma abito le vie celestiali. Io ti attendo per poi, un giorno, correre insieme sulle nubi bianche. >
ESCE DI SCENA

ODATTO S.

O Clotollea, non risparire, lascia che il mio sguardo possa ancora gioire di te! Ma sei di nuovo una meteora, la mia mente è turbata, sconvolta, sgomenta! Mi struggo troppo del ricordo di te e delle tue virtù! O dio della follia, fammi allora impazzire, cosicché io non sappia cosa mi accada e mi assedi!
ESCE DI SCENA

Entra in scena, di ritorno dall'oasi, Adirando per ragguagliare l'imperatore Odatto Secondo, il quale compare subito dopo.

ODATTO S.

Quali nuove mi porti, o fido Adirando?

ADIRANDO

Tua madre ha avuto buona sistemazione e ha trovato amica accoglienza. Ma ho sentito dire che agguerriti predoni intendano minacciare l'impero di Marcisia. A loro guida c'è una donna, una certa Hellar che ami proclamarsi feroce.

ODATTO S.

Una donna al comando di una schiera di guerriglieri? Allora andremo a riceverla e io darò personalmente un'umiliazione a quell'esaltata Hellar! Ci disporremo a ventaglio sulla sabbia del deserto e, avanzando lentamente, attenderemo di avvistare la schiera avversaria, che suppongo sarà disposta in fila per tre, con in testa la temeraria Hellar. Ella senza dubbio attenderà l'arrivo del vento alleato, che solleverà mulinelli di sabbia a confonderci e coprirci la visuale, ma nulla ci fermerà. Quando entrambe le legioni saranno a favorevole distanza, d'improvviso scatteremo all'attacco e rimanendo disposti a ventaglio obbligheremo il nemico ad aprirsi o a serrarsi, costringendolo in tal modo a battersi uomo contro uomo oppure ad essere inesorabilmente circondato. In breve tempo la schiera di Hellar subirà una severa disfatta. Riguardo alla donna, io Odatto Secondo, il bellissimo, non le risparmierò l'umiliazione di una sconfitta in uno scontro diretto e la conseguente prigionia nel castello. Ora vai, Adirando, ad armare perfettamente i cavalieri. Io sarò in prima fila e tu mi sarai accanto.

ADIRANDO
Sarà una grande vittoria! Vado.

ESCE DI SCENA

Si chiude il Sipario. Si leva una musica: il Bolero di Ravel (in ritmo ternario). Si riapre il Sipario e si vede Odatto Secondo, in piedi all'estremo limite di un lato del palcoscenico, spada in pugno, pronto ad avvistare il nemico, mentre si ode il crescendo del Bolero di Ravel a similitudine dell'avanzata nemica nel deserto. La musica smette e all'estremo opposto del palcoscenico appare Hellar, sofferma in piedi, spada in pugno. Attimi di studio e di attesa da parte di entrambi i contendenti. Poi, Odatto Secondo scatta all'attacco... ma rimane fortemente stupito!

ODATTO S.
Anche tu somigli troppo a Clotollea!
Ti ferirò allora solo a graffi nelle parti del tuo facile corpo, a divertita scelta della mia abile spada, poi ti farò prigioniera.

HELLAR
Io invece ti colpirò a morte!

ODATTO S.
Ecco a te il primo graffio e guarda il tuo sangue rigarti il braccio!... Ecco a te il secondo graffio e guarda il tuo

sangue rigarti anche l'altro braccio!... Ora tocca al tuo seno, ecco a te il terzo graffio!

HELLAR

Ti prego, fermati. Mi arrendo, sei troppo abile! Prendimi con te prigioniera nel tuo castello.

ODATTO S.

Ma non sarà per me un onore.

HELLAR

Per me invece sì, sei l'imperatore Odatto Secondo, il bellissimo!

ESCONO DI SCENA

Appoggiata con le spalle a una parete, come se volesse mostrarsi nel significato di prigioniera, Hellar partecipa al discorso con Odatto Secondo.

ODATTO S.

Qual è il motivo che ti abbia spinta a metterti a capo di quei predoni del deserto?

HELLAR

Mi sono sempre piaciuti i condottieri, li ritenevo arditi e mai timidi.

ODATTO S.

La timidezza è più femminile che maschile.

HELLAR

Io non sono timida, ma sono una donna.

ODATTO S.
Che tipo di donna?

HELLAR
Ti interessa saperlo?

ODATTO S.
Forse dissiperebbe un mio dubbio.

HELLAR
Hai anche altri dubbi?

ODATTO S.
Capire il tuo amore per il deserto, anche se io condivida in parte il fascino di quelle sue distese senza eguali.

HELLAR
È proprio questo che mi abbia spinto alla scelta di vivere in un'oasi.

ODATTO S.
Con i tuoi genitori?

HELLAR
Mio padre era un mercante d'armi. Da qualche anno non so più niente di lui. Pare che ora viva in Inghilterra. Mia madre invece è morta molti anni fa. Adesso l'ho quasi sostituita incontrando nell'oasi una generosa

signora in cerca di un affetto filiale. Così, ci siamo scambiate i compiti.

ODATTO S.
Un nobile gesto. Peccato però che quella signora sia stata ripudiata dal figlio per motivi, diciamo, di oscenità. Ma ciò non può riguardarti né rovinarti il tuo affetto per lei. Caso mai sarebbero problemi del figlio.

HELLAR
In cosa consisterebbero queste oscenità?

ODATTO S.
Hai proprio desiderio di conoscerle?

HELLAR
Certo, si tratta della mia seconda madre.

ODATTO S.
Il deserto è un mistero di sabbia. Tu, Hellar, sei una una distesa di menzogne. Ma non ti è bastata l'umiliante punizione della mia abile spada.

HELLAR
Cosa stai dicendo?

ODATTO S.
Sto dicendo che tu conosca la falsa verità e che ti sia avventurata per uccidermi e vendicare mia madre, ora tua seconda madre! Vuoi invece la sincera verità?

HELLAR
Sì, desidero essere messa al corrente.

ODATTO S.
D'accordo! Mia madre aveva pensiero e desiderio, amava il bellissimo! Ti basta? Noto che tu non abbia più parole e che tu stia abbassando lo sguardo, e che tu stia abbassando l'orgoglio, e che per farti perdonare abbasseresti anche la veste.

HELLAR
Ti prego, fermati.

ODATTO S.
Non intendevo offenderti, al contrario, capirti.

HELLAR
Non ho mai conosciuto un uomo come te. Riparto con il dispiacere di non trovarmi tra le tue braccia.

ODATTO S.
Ma questa notte sarà nostra. Non si deve mai rinunziare a un sogno inaspettato.

HELLAR
E domani come sarà?

ODATTO S.

Si capirà le insidie della vita. Sono i contrasti a formare le dighe della sottile realtà.

HELLAR

Sei davvero degno di essere un imperatore. Il tuo popolo è fortunato. Hai anche un amore?

ODATTO S.

Avevo Clotollea. Me l'ha tolta la morte. Me la restituisce spesso il sogno e qualche presenza umana, ad esempio tu, Hellar, così somigliante!

HELLAR

E sono qui per darti serenità.

ODATTO S.

Sì, come una tenera prostituta.

HELLAR

Stanotte sarò anche così per te.

ODATTO S.

Vieni, ti accompagno a riposare nella tua stanza, il tuo cammino domani sarà lungo. Ma avrai cammello, provvista e la scorta di tre miei soldati.

ESCONO DI SCENA

Entra in scena la madre con un setaccio e va a sedersi in terra, in un angolo del palcoscenico. E comincia a setacciare della farina. Poco dopo appare Hellar, cui la madre va subito incontro.

MADRE

Ho saputo che tu sia stata in Marcisia. Lo hai visto il bellissimo? Gli hai parlato? Come sta?

HELLAR

Odato Secondo è bellissimo, è un imperatore intelligente, è un uomo affascinante!

MADRE

Ma tu non lo avrai mai! Invece ti ha parlato di me?

HELLAR

Tu sei una donna disgustosa!

MADRE

(Cadendo in ginocchio) Ti prego, non dirmi così!

HELLAR

Ti dirò di peggio!
(Estrae un pugnale e lo affonda nel suo petto) Ecco quello che meriti! (Poi trascina il suo corpo FUORI SCENA)

Odatto Secondo, raccolto nella notte, dà sfogo alla sua inquieta e bizzarra follia.

ODATTO S.

< O Hellar, soave e scaltra, potevi vivere nel mio favore colmo di passione e libidine e di attenzioni, se Clotollea fosse sparita dalla mia mente. Ella era dolce come il miele da viva, ma perfida da morta! O Clotollea, perdonami per questo mio vile dire, troppe somiglianze di te mi hanno confuso. Che guaio la notte, porta consiglio! Non sempre, ma a volte succede. Le ombre, quasi spirituali, della notte mi affascinano. Mia madre è morta, uccisa dallo sdegnato pugnale di Hellar, che io ora stia invocando. Perché mai? La mia mente è micidiale, riesce sempre a produrre misfatti interiori! I miei pensieri sono diluviali, ho predilezione di più per le tombe che per i defunti. Quando morirò, sarò poi imbalsamato e chiuso in un enorme sarcofago interamente di cristallo ed esposto all'ammirazione di tutti: io sono Odatto Secondo il bellissimo e dopo la mia morte l'eterno! >

Entra in scena Adirando, preoccupato del suo agire.

ADIRANDO

Qual travaglio colpisca il mio imperatore, ti sento inquieto.

ODATTO S.

Nessun travaglio, mio fidato Adirando. Ma ti confido che nel quinto giorno del terzo mese dell'anno antico distruggerò l'impero di Marcisia e tu sarai al mio fianco come sempre in battaglia.

ADIRANDO

Mio imperatore, per qual ragione tu voglia distruggere quello che tu abbia costruito.

ODATTO S.

È mio timore che offrendo sempre di più agiatezza e comodità al popolo, esso si volga un giorno verso il vizio. La fatica invece ha sempre prodotto virtù.

ADIRANDO

Concordo con questo, mio imperatore, anche se la tua intelligenza a volte mi spaventi.

ODATTO S.

Comincia a mettere in salvo la tua famiglia, perché la mia decisione potrebbe non ritardare.

ADIRANDO

Quale terra mi consigli, mio imperatore.

ODATTO S.

Non v'è terra che non sia inquinata di malvagità e corruzione. Ma io sceglierei il deserto.

ADIRANDO

In vero, io penserei all'Inghilterra.

ODATTO S.

Se ti attragga quel territorio, sceglilo. Mai titubare, non si approda a nulla.

ADIRANDO

Ti ascolterò, mio imperatore, i tuoi insegnamenti dettano spesso la via giusta.

ODATTO S.

Dopodomani vorrò cavalcare nel deserto fino al pozzo. Ci sarai tu al mio fianco e altri cinque cavalieri ben armati. Preordina ogni cosa. Ora ti congedo.

ADIRANDO

Sarà fatto, mio imperatore. Che la notte ti sia serena.

ESCE DI SCENA

Si chiude il Sipario. Si leva una musica con coro: P. N. L. Si riapre il Sipario... Nella notte, Odatto Secondo, in preda alla sua follia ancor più estrema, cammina su e giù per il palcoscenico emettendo cupi e soffocati lamenti come se fossero voci provenienti dalle tenebre. A un certo momento brandisce anche la spada e avvia un duello contro sé stesso davanti a un grande specchio.

ODATTO S.

(Camminando su e giù) Ohhh... ohhh... ohhh... tenebreee!

(Con la spada in pugno e davanti allo specchio) A noi due, nemico infido, ti ridurrò a un dipinto di ferite e mi supplicherai pietà! Non so se io l'avrò, ma per certo so che ti lascerò supplicare a lungo! Poi la mia bontà vorrà salvarti, ma io non sono più d'accordo con la mia bontà. Così, sia tu che il mio animo implorerete la mia generosità, ma io non sono più generoso, bensì acceso d'ira e sdegno. Oh, la tua spada è fuori di mira, non riesce ad offendere, ma la mia è infallibile: prendi questo affondo e guarda il tuo sangue rigarti il braccio! Tra poco vedrai sanguinare anche il tuo fianco, poi la tua mano. Battiti, difenditi, riparati, non aspettarti la mia indulgenza! Tu per caso conosci gli affanni dell'amore? E anche le sue penombre? E anche le sue insidie? E anche i suoi trionfi? Allora sei menzognero! E ora dimmi cosa tu sappia intorno all'esistenza della sublime Clotollea, della vanitosa Astrea, dell'audace Hellar e della divina dea a tutti sconosciuta, ma non a me. Oh, ti leggo lo stupore sul volto ed anche lo smarrimento! Mantieni forte la tua spada in pugno e fa sì che ti difenda, perché ora sferrerò il mio ultimo affondo per ridurti un corpo inutile!

(Sempre più eccitato e infervorato, rivolge poi la spada con folle piacere contro il proprio petto e si trafigge a morte!)

Si chiude velocemente il Sipario... E poi si riapre lentamente, presentando il palcoscenico invaso da una luce celeste e ai due lati estremi ci sono, angelici, rispettivamente Odatto Secondo e Clotollea. Ora si avvicinano con eterea lentezza l'un l'altra fino ad incontrarsi e inginocchiarsi vicini, frontali, prendendosi le mani.

CLOTOLLEA
Qui avrai quiete e sarei sempre il bellissimo.

ODATTO S.
In questo silenzio la tua voce è ancor più soave.
(Poi si alzano e…) ESCONO DI SCENA

Si chiude il sipario e si riapre…
Clotollea ENTRA IN SCENA per mettersi al cospetto di un Giudice Divino che la stia aspettando seduto regalmente.

GIUDICE DIVINO
Tu rimani nella memoria. Quali siano, o Clotollea, le tue virtù, ti ombri forse di mistero?

CLOTOLLEA
Io sono l'umile che giaccia nella penombra.

GIUDICE DIVINO
Non mi pare che tu abbia tale umiltà, sei troppo vanitosa e ambiziosa.

CLOTOLLEA
La vanità mi viene dalla mia natura e l'ambizione dal mio carattere, ma sono docile.

GIUDICE DIVINO
Come un silenzio a mezzanotte.

CLOTOLLEA
Mi piacerebbe essere Cenerentola.

GIUDICE DIVINO
Le fiabe sono spropositi per confondere le menti acerbe e sprovvedute!

CLOTOLLEA
Voi, o Divino, non credete a nulla. Perché mai?

GIUDICE DIVINO
Io ho creduto a tutto, come gli illusi. Ma per questa ragione sono morto dannato!

CLOTOLLEA
Voi dannato? Ma se siate al potere per giudicarci!

GIUDICE DIVINO
Clotollea, tu sei più furba dell'astuzia!

CLOTOLLEA
O Divino, credetemi, non v'è furbizia né astuzia in me, soltanto rispetto.

GIUDICE DIVINO

Allora sappi che una persona defunta non abbia più alcuna possibilità di comunicare. Tu sei defunta?

CLOTOLLEA

Ho capito, ma, vi prego, lasciatemi in relazione con Odatto Secondo.

GIUDICE DIVINO

Egli è stato mio figlio, ora è un defunto, ma con privilegi.

CLOTOLLEA

Voi siete Odatto Primo?

GIUDICE DIVINO

Esattamente!

CLOTOLLEA

Il vostro potere dunque non si è mai fermato.

GIUDICE DIVINO

Sì, per questo mi considero un dannato! Ora andate.

CLOTOLLEA

Mi consentirete di adorare Odatto Secondo?

GIUDICE DIVINO

Sì, questo è l'ultimo favore che io vi farò!

CLOTOLLEA
Grazie! Nessuno è più grande di voi.

GIUDICE DIVINO
La fine, la morte, il mistero, l'infinito, sono più grandi
di me! Però io sono supremo!
SI CHIUDE IL SIPARIO

FINE

NOTE di scena (momenti da inserire nel percorso del testo)
A – Danzeranno, in onore di Odatto Secondo, alcune
ballerine, oppure una sola.
B – Suoneranno, in onore di Odatto Secondo, alcuni
musici.
C – Farà giochi di prestigio, in onore di Odatto
Secondo, un attore girovago o tutta una compagnia di
guitti appunto.

Anima, Animo, Spirito

Testo Teatrale

SI APRE IL SIPARIO, POI...

...La moglie è seduta in poltrona a cucire. Entra in scena il marito alquanto irritato, che poi si sprofonda nell'altra poltrona.

MARITO
Oggi al lavoro mi hanno chiesto di vendere l'anima.

MOGLIE
Ma tu non hai un'anima.

MARITO
E cosa ho allora?

MOGLIE
Hai la perfidia, ecco cosa hai, la perfidia!

MARITO
Perfidia per non aver festeggiato il suo compleanno? È qui da più di un anno, non fa niente, mangia a sbafo, e io
dovrei festeggiarla?

MOGLIE
Ma è mia sorella!

MARITO

E cosa c'entra questo?

MOGLIE

Come, cosa c'entra, tu non hai considerazione e rispetto per la famiglia?

MARITO

Sì, ma se meriti il rispetto!

MOGLIE

Vorresti insinuare che mia sorella sia una persona indegna?

MARITO

Non ho detto questo.

MOGLIE

Ma lo hai pensato, te lo leggo in volto.

MARITO

Non sono una pagina di un libro.

MOGLIE

Sei ancor peggio, sei la copertina.

MARITO

Dura ancora per molto questa storia?

MOGLIE

Sì, finché tu non chiederai scusa.

MARITO
Io dovrei chiedere scusa e di che cosa?

MOGLIE
Di non sopportare mia sorella.

MARITO
Per caso, dovrebbe piacermi?

MOGLIE
Ci mancherebbe!

MARITO
Allora cosa vuoi da me?

MOGLIE
Che tu le faccio un regalo.

MARITO
Di che tipo?

MOGLIE
So che le piaccia un vestito rosso che abbia visto esposto nella vetrina di un'elegante boutique.

MARITO
E quanto costerebbe questo vestito rosso?
MOGLIE

Come sei basso, non si guarda mai il denaro.

MARITO

E cosa si guarda, secondo te, il gesto nobile?

MOGLIE

Certo, una donna si aspetta questo da un uomo.

MARITO

Ma non è mica la mia amante?

MOGLIE

Perché, una donna deve diventare la tua amante per ricevere un'attenzione?

MARITO

Una distinzione s'impone: primo, si tratta di tua sorella. Secondo, non mi ringrazierebbe neanche. Terzo, se permetti, io le attenzioni le rivolgo a chi m'interessi.

MOGLIE

Quindi deduco che tu abbia una amante, perché a me non le hai mai rivolte.

MARITO

Tu ti ritieni una donna meritevole di attenzioni?

MOGLIE

Certo! E anche di molte attenzioni.

MARITO
Ma cosa intendi tu per attenzioni?

MOGLIE
Un bel gioiello. Una bella vacanza. Viaggiare il mondo
e soggiornare in alberghi di lusso.

MARITO
Ma tu sai che lavoro io faccia?

MOGLIE
Sì, il semplice impiegato di banca.

MARITO
Perciò puoi subito calcolare le mie possibilità.

MOGLIE
Ma certi tuoi colleghi sanno arrangiarsi.

MARITO
Cioè?

MOGLIE
Riescono ad organizzarsi e offrire alle loro mogli una
vita più respirabile.

MARITO

Vorresti dire che io ti soffochi?

MOGLIE

Io cucino. Io stiro. Io faccio la spesa. E una volta all'anno vado venti giorni in vacanza al mare. Questa è la mia vita.

MARITO

E la mia?

MOGLIE

Tu ti siedi in banca.

MARITO

E non vado in vacanza al mare, perché il mio posto è occupato da tua sorella e da alcune tue amiche di passaggio.

MOGLIE

Non è colpa mia se la nostra casa al mare abbia poco spazio. Tu sei mio marito, ti vedo già tutto l'anno a casa in città.

MARITO

Così, io sarei di peso!

MOGLIE

A volte sì, a volte no. Dipende.

MARITO

Dipende da che cosa?

MOGLIE
Dal mio umore.

MARITO
Allora posso assicurarti che tu sia spesso di malumore.

MOGLIE
Non è colpa mia.

MARITO
E di chi, se non sia indiscreto?

MOGLIE
Del tempo.

MARITO
Ah, già, dimenticavo che tu sia meteoropatica.

MOGLIE
Non soltanto, ma anche desiderosa di emozioni e non ho mai il tempo per conviverle.

MARITO
Mi puoi confidare la tua emozione preferita?

MOGLIE
Starebbe in te scoprirla.

MARITO
E se l'avessi già scoperta?

MOGLIE
Vuoi stupirmi?

MARITO
No, voglio solo farti capire che tipo di donna tu sia.

MOGLIE
Lo so benissimo.

MARITO
Tu pensi di saperlo, ma non lo sai.

MOGLIE
Sei tu a non saperlo.

MARITO
No, io lo so benissimo: sei tutta una finzione.

MOGLIE
Oltre che assurdo, sei anche impudente!

MARITO
Annalisa, rifletti prima di sparare parole, credimi.

…Entra in scena Parassite

PARASSITE

Scusate se interrompa il vostro discorso, ma gradirei sapere cosa ci sia di pranzo oggi.

MARITO

Oggi ti invito al ristorante.

PARASSITE

Oh, grazie, come sei gentile!

MOGLIE

E io?

MARITO

Penso che tu abbia prospettive migliori.

MOGLIE

Si rimane tutti a casa.

PARASSITE

Vado a fare le valigie.

MOGLIE

Per quale ragione?

PARASSITE

Perché mi piaccia l'idea di partire.

MOGLIE

Per dove?

PARASSITE

Per luoghi sconosciuti.

MARITO

Cioè mettere qui radici.

PARASSITE

Tu, Danilo, sei un uomo pieno di acume. Altrimenti non ti chiameresti Danilo.

MOGLIE

Questo cosa significa?

PARASSITE

Che un nome così si adatti a un uomo come tuo marito, diversamente non lo avresti sposato. È talmente logico un siffatto marito.

MOGLIE

Sinceramente non ho capito.

PARASSITE

Quando mai tu abbia capito un problema matrimoniale?

MOGLIE

Cosa ne sai tu che non sei neanche sposata!

PARASSITE

Appunto!

MOGLIE
Sarebbe a dire? Su, canta!

PARASSITE
Non ho voce oggi. Scusatemi, mi ritiro nella mia stanza.

Esce di scena.

MOGLIE
Ma è tutta fuori di testa.

MARITO
È tua sorella.

MOGLIE
Lo so!

MARITO
Sembrerebbe di no.

MOGLIE
Cosa vuoi di cena?

MARITO
Andiamo al ristorante.

MOGLIE
Come mai stasera hai in mente il ristorante?

MARITO

Perché stasera sei molto carina e mi va di sfoggiarti.

MOGLIE

Non mi avevi mai fatto un complimento così, tranne a letto.

MARITO

È una lamentela?

MOGLIE

No, a letto sei bravo. Inoltre, ti ricordi sempre che mi piaccia farlo ogni venti giorni.

MARITO

Sì, il suggerimento mi è venuto dai tuoi ritorni dalle vacanze al mare.

MOGLIE

Sei un bravo contabile.

MARITO

Non dimenticarti che io lavori in banca.

MOGLIE

Vado a prepararmi per andare a cena. Sono felice, oggi è anche il ventesimo giorno. Intanto tu vai a confortare mia sorella, mi preoccupa, mi pare così triste.

Escono di scena.

Entra in scena Parassite con in mano un vestito che poi rimira allo specchio misurandoselo davanti al corpo. Poco dopo entra il marito e la osserva prima di commentare.

MARITO
Tu hai uno scopo nella vita? Mi sembri così abulica, assente da ogni cosa, quasi priva di amor proprio o addirittura di una tua dignità.

PARASSITE
Io ho la bellezza.

MARITO
E cosa ne vorresti fare di questa tua bellezza?

PARASSITE
Vorrei trionfare!MARITO
In che modo?

PARASSITE
Avere voi uomini ai miei piedi e le donne al mio servizio.

MARITO
Come una dea!
PARASSITE
Io sono una dea! Soltanto che non voglio che se ne accorgano.

MARITO
Chi?

PARASSITE
Quelli che mi deridano.

MARITO
Ma nessuno ti deride.

PARASSITE
Sì, invece, tutti, anche tu!

MARITO
Io non ti derido, caso mai ti accuso di essere una pigra proprio indolente e vorrei che tu reagissi a questa tua inerzia.

PARASSITE
Allora non mi sei ostile?

MARITO
Si può essere ostili a una dea?

PARASSITE
No, di certo! Una dea va adorata. Tu mi adori?

MARITO
Sì, io ti adoro.

PARASSITE

Allora fra tre lune vieni a trovarmi nella notte, sarò accogliente. Ma prima promettimi che mi sarai infedele.

MARITO

Te lo prometto.

PARASSITE

Io ti darò il nettare della perdizione. Tu lo berrai e morirai d'amore inginocchiato ai miei piedi. Cos'altro vorrai?

MARITO

Sarai tu a deciderlo.

PARASSITE

Bravo! Tu conosci l'animo di una dea. Io un giorno ti farò mio sposo. Ora vai, devo ultimare i miei riti.

Il marito esce di scena. Poco dopo anche Parassite.

La moglie entra in scena volteggiando nel suo abito. Poi entra anche il marito.

MARITO

Tua sorella è fuori di ogni umano senno. Lo sapevi?

MOGLIE

Sì, ella è felice così. Perché modificarla?

MARITO

A pensarci bene, hai ragione. Posso confidarti un mio segreto?

MOGLIE

Stasera puoi tutto.

MARITO

La sua follia mi piace, mi affascina. È come il piacere di un bicchiere di vino bevuto in un momento intimo. Se non fosse tua sorella, la frequenterei di più.

MOGLIE

Ma lei non è mia sorella. È una donna che un giorno d'inverno, freddo e nevoso, io abbia raccolto per strada e le abbia dato un rifugio affinché finisse di vagare nei pericoli e senza una meta. Se vorrai amarla, io non ti ostacolerò, ma sappi che io ti ami più di qualsiasi cosa al mondo, anche se a modo mio.

MARITO

Ho ragione di pensare che a volte, anche se raramente, la vita vissuta fuori dall'idiozia sia una pennellata d'arte.

MOGLIE

Stanotte, dopo cena, di chi sarai?

MARITO

Lo sai già.

MOGLIE
Ma dimmelo tu.

MARITO
Dormirò con te.

MOGLIE
Grazie, saremo svegli insieme. Come sono nuda?

MARITO
Sei una poesia da declamare con soffi e mani carezzevoli.

MOGLIE
Sai, se non dovessi più averti, cioè perderti, mi ricorderei sempre del tuo tatto afrodisiaco ineguagliabile.

MARITO
In un libro avevo letto che l'amore non avesse né origine né seguito, bensì soltanto misteri d'oro che un giorno giocoforza sarebbero divenuti gioielli e monete, allora la vanità e l'ambizione avrebbero rovinato il sacro vezzo.

MOGLIE
Vorrei acquistare questo libro, m'interessa.
MARITO
Ma non è più in vendita.

MOGLIE

Allora dovrò farmelo raccontare da te per intero.

MARITO

Ma ha molte pagine, la lettura sarebbe lunga, quasi infinita.

MOGLIE

Mi piace la fedeltà.

MARITO

Dovrei capire la tua risposta?

MOGLIE

L'intelligenza la capirebbe.

MARITO

Ma io non sono intelligente.

MOGLIE

A volte sì, anche molto. Dipende dall'argomento.

MARITO

Io capisco soltanto il concreto.

MOGLIE

L'astratto ti spaventa, ma lo capisci meglio di ogni altra cosa. Lo sai anche tu.

MARITO

Mi hai dato un voto?

MOGLIE

Ti ho promosso. Ora vado a prepararmi per uscire a cena, insieme a te!

MARITO

Sottolineatura decisa.

MOGLIE

La chiarezza è un buon consigliere.
Esce di scena.

MARITO

Sono ancora stupito della notizia che la sorella sia un'estranea accolta in casa per salvarla dal vagabondaggio. D'accordo che mia moglie salvi dal freddo ogni cosa vivente, compresa una pianta, e persino un serpentello che vada in letargo, ma se non conoscessi certe sue purezze di moralità, avrei quasi il diritto e il dovere di dubitare intorno a una situazione poco chiara. Comunque vorrò saperne di più. La prudenza è sempre saggia nei suoi sottili suggerimenti.

PRIMO SIPARIO. POI...

...Parassite sta facendo dei movimenti leziosi, a modo di balletto. Entra in scena il marito e dapprima si ferma ad osservarla.

MARITO

Sono movimenti per tenerti in forma?

PARASSITE

No, sono propiziazioni agli dei, esattamente alla mia gemella dea.

MARITO

E come si chiama la tua gemella dea?

PARASSITE

Parassite.

MARITO

Allora è dea di molte seguaci.

PARASSITE

Non offenderla, ella è dea di me soltanto!

MARITO

Credo alla tua affermazione.

PARASSITE

Bene! Così posso accoglierti nel mio cuore.

MARITO

Vorrei farti alcune domande, posso?

PARASSITE
Purché non disturbino il mio etere mentale.

MARITO
Sono domande, ma sarò discreto.

PARASSITE
Ti ascolto.

MARITO
Dove sei nata?

PARASSITE
Nella terra più lontana.

MARITO
L'infinito?

PARASSITE
Quasi. È una terra meravigliosa!

MARITO
Sei fortunata.

PARASSITE
Non esiste la fortuna, ma soltanto il destino divino.
MARITO

È molto difficile averne una convinzione, ma penso che sia proprio così.

PARASSITE

Hai parenti nel ceppo della divinità?

MARITO

No, io sono un meschino mortale. Non ho neanche parenti, non so dove siano.

PARASSITE

Allora sei un privilegiato. Non hai responsabilità, soltanto il peso della moglie.

MARITO

Perché il peso?

PARASSITE

Per il fatto che non sia una donna adatta a te.

MARITO

Com'erano i tuoi genitori?

PARASSITE

Una coppia di estranei uniti insieme, come una saldatura di due tubi di lamiera di diversa misura.

MARITO

Tu mi sorprendi e non mi sorprendi, sei come la pioggia e il sereno, ma non sei l'arcobaleno.

PARASSITE

Io sono una nube gonfia e incombente.

MARITO

Allora potresti essere un diluvio.

PARASSITE

Sì, vorrei distruggere gli umani e salvare le piante.

MARITO

Cosa ti ha fatto l'umanità?

PARASSITE

Mi ha sempre disturbato.

MARITO

Per il fatto che tu sia bella?

PARASSITE

Essere belle è un vantaggio che però conduca a un risultato ambiguo. La bellezza è un bersaglio colpito da tutte le frecce. Chi non lo centri, lo insulta e lo allontana.

MARITO

Tu hai ricevuto insulti?

PARASSITE

Io sono inviolabile, sono una dea.

MARITO

Ma anche le dee amano. Quali sono le tue esperienze amorose?

PARASSITE

Questa è una domanda privata.

MARITO

Sì, per conoscerti e capirti, altrimenti non te l'avrei fatta.

PARASSITE

Perché vuoi conoscermi?

MARITO

Sei completamente fuori dell'ordinario, perciò sei alquanto interessante.

PARASSITE

Devi dire: molto interessante. Stai parlando con una dea, non scordarlo mai.

MARITO

L'altra sera ero a cena con tua sorella e...

PARASSITE

Ah, quella banale donna! Ella non è mia sorella, ma soltanto una mia inquilina o, meglio, ancella oppure servitrice.

MARITO
Comunque è mia moglie.

PARASSITE
Non siete sposati, avete soltanto l'uso della coabitazione. I matrimoni non esistono, se non nelle fantasie degli illusi.

MARITO
Apprezzo le tue definizioni, ma ti rendo edotta che esistano delle leggi in questa società seppur banale e stupida.

PARASSITE
Una dea non riconosce il contenuto né il valore di una legge, tranne quella del piacere dell'amore, che voi umani conosciate solo attraverso l'illusione, appunto.

MARITO
Allora qui tu non hai un amore.

PARASSITE
Potrei averlo solo con te. E forse io ti vorrò! Tua moglie è malata, morirà presto, e tu cercherai i miei abbracci.

MARITO

Perché dover arrivare all'augurio di una morte, quando esistano le scelte?

PARASSITE

Perché l'altra parte deve sparire!

MARITO

Ma potrebbe rimanere nel mio cuore.

PARASSITE

Non rimarrebbe, tu non la ami, giustamente. Ella non è degna dell'amore eccelso e sublime. Ella è rozza e metodica.

MARITO

E tu come fai a saperlo?

PARASSITE

Mi basta guardarti negli occhi per capire che tu sia insoddisfatto e infelice. Quindi ne consegue la mia descrizione riguardo a tua moglie.

MARITO

Ma lei ti ospita.

PARASSITE

Sei tu che paghi. Mantieni anche lei.

MARITO

Non mi piace questo discorso spregevole.

PARASSITE

Infatti, io preferisco parlare d'altro. L'impiego in banca è il tuo vero lavoro?

MARITO

M'interesso anche di architettura.

PARASSITE

Il disegno o progetto di quel grattacielo mi piace, è originale e stravagante. Potrebbe avere successo.

MARITO

Come fai a saperne?

PARASSITE

Era sul tuo tavolo e gli ho dato una sbirciata. Se fossi in te, lascerei la banca e mi dedicherei solo all'architettura.

MARITO

Mia moglie però dice che l'impiego in banca sia pane sicuro.

PARASSITE

Tua moglie mira solo al suo egoismo. Non ha molta fiducia nelle tue capacità e il tuo posto in banca le garantisce perlomeno un po' di vita, diciamo. In fondo, il tuo stipendio è ottimo, inoltre pare che tu presto diventerai il direttore, perciò...

MARITO
La tua è una pesante insinuazione.

PARASSITE
È una verità detta da una dea, puoi crederci.

MARITO
Non so quanto tu giochi a fare la folle, oppure quanto tu sia folle. Potresti anche essere pericolosa.

PARASSITE
Prova ad amarmi e forse ne ricaveresti la risposta.

MARITO
È un invito indiretto o una provocazione?

PARASSITE
Al primo chiarore di una notte lunare del secondo mese invernale io ti aspetterò nella mia camera.

MARITO
E poi?

PARASSITE
Saprò quanto tu valga.

MARITO
Cosa sarà, un esperimento?

PARASSITE
No, sarà la mia prima esperienza con un umano! Ora ti congedo, perché debba già cominciare a prepararmi a questo supremo impatto.

MARITO
Mi dici almeno il tuo nome vero?

PARASSITE
Parassite Seconda.

MARITO
Bene! Ora tutto mi è molto più chiaro.

PARASSITE
Nulla è chiaro come i miei occhi trasparenti.

MARITO
Sì, è vero, essi sono due meduse.

PARASSITE
E io amo il mare. Tu quando nuoti, cerchi poi un approdo?

MARITO
Sì, altrimenti rischierei di annegare.
PARASSITE

Io ti salverei!

MARITO

Molto umano da parte tua.

PARASSITE

Non è umanità, bensì potere divino. Ma se tu non lo meritassi, ti lascerei affogare negli abissi marini.

MARITO

È crudeltà o delitto?

PARASSITE

È giustizia. Ora lasciami sola. A presto.

MARITO

Mi congedo, o dea gemella!

Esce di scena.

PARASSITE

Nessuno conosce il labirinto del supremo soprannaturale, né quale sia il compito di una dea in quel grande universo. Lo svelerò in parte a lui che nella notte prestabilita avrà l'ardire di venire a trovarmi. Segreta e misteriosa sarà la mia accoglienza. E sarà prima vedovo lui o vedova lei, la moglie? Comunque io sono sorta per amare l'uomo. Una donna non può avere alcun tipo di legame con una dea, neanche in una fotografia. Per mio capriccio io farò lui biondo e sconvolto, pieno di intensa libidine. Sì, lo allatterò e lo invoglierò fino alla follia!

Esce di scena.

SECONDO SIPARIO, POI…

…La moglie sta stirando. Entra in scena il marito alquanto enigmatico.

MARITO
   Tua sorella, cioè la tua ospite, è alquanto speciale.

MOGLIE
   Ah, capisco che ti piaccia!

MARITO
   Ho detto speciale nel senso di imprevedibile.

MOGLIE
   Cosa abbia mai combinato?

MARITO
   Ha distrutto ogni speranza.

MOGLIE
   Speranza di che cosa?

MARITO

Di salvarla.

MOGLIE
Poverina, è pazza, bisogna compatirla.

MARITO
È una maestra. Lo sapevi?

MOGLIE
No. Cosa insegni?

MARITO
Astuzia e finzione.

MOGLIE
Ma cosa stai dicendo?

MARITO
Sto semplicemente affermando.

MOGLIE
Sei pregato di essere chiaro.

MARITO
Anche tu.

MOGLIE
Cosa significa?

MARITO

Che adesso, mentre stai stirando, dolce movimento di andirivieni, mi racconti tutta la verità di come tu l'abbia conosciuta questa tua sorella!

MOGLIE
Quale perplessità arroventi la tua mente?

MARITO
Tu pensa a spegnerla.

MOGLIE
Ecco, giusto, spegnerla. Fatti una doccia fredda!

MARITO
Che tu fossi scortese, lo sapevo già, ma ciò non ti risparmia questa volta dal rispondermi!

MOGLIE
Allora, cosa vuoi sapere di preciso, se le voglia bene perché non abbia potuto avere una figlia?

MARITO
Ma se abbia al massimo dodici anni meno di te!

MOGLIE
Tu non capisci, l'età non c'entra. Il desiderio di avere una
figlia è più forte di ogni cosa, anche della minima differenza di età!

MARITO

Ma la tua è una morbosità! Togliti dalla mente e dall'animo questo assurdo cruccio, altrimenti finirai per distruggere ogni cosa che possa essere valida di te. Trovati un amante che ti riporti all'equilibrio. Così è impossibile continuare.

MOGLIE
Sei tu che dovresti aiutarmi.

MARITO
Io l'ho fatto per un lungo tempo, ma ora non ci riesco più, è troppo insopportabile questa tua non volontà di reagire per sconfiggere l'ossessiva fissazione!

MOGLIE
Mi stai accusando ferocemente!

MARITO
Non sono una belva, sono solo stanco di battere sempre lo stesso chiodo.

MOGLIE
Vorresti per caso innamorarti di Parassite?

MARITO
Forse saprebbe dare qualcosa di più riposante.

MOGLIE
Provaci, non sono gelosa.
MARITO

Tu sei gelosa soltanto di quello che t'importi di più.

MOGLIE

E cioè?

MARITO

Non occorre che te lo dica io, lo sai benissimo tu.

MOGLIE

E se non lo sapessi?

MARITO

Diresti solo una bugia.

MOGLIE

Tu mi ritieni capace di dire bugie?

MARITO

Io ti definisco una menzognera.

MOGLIE

Non ti permetto di offendermi in questo modo!

MARITO

E in quale modo dovrei farlo?

MOGLIE

Se continui su questo tono, ti metto il ferro da stiro sulla faccia.

MARITO

Saresti capace di farlo davvero?

MOGLIE
Sì!

MARITO
Allora fallo!

MOGLIE
Ti prego, non mi provocare oltre.

MARITO
Vado di là, a prendere la pistola.

MOGLIE
No, ti scongiuro, non andare!

MARITO
Non ti preoccupare, vado solo fuori a bere un caffè.
Vuoi qualcosa dal bar?

MOGLIE
Qualche cioccolatino.

MARITO
Perfetto. Torno fra poco.

Esce di scena.

MOGLIE

Sembra che non si vada d'accordo, ma lui è un uomo di una bontà infinita. Sono sincera, si meriterebbe una donna migliore di me. Però io senza di lui mi sentirei perduta. È anche un uomo sensibile e intelligente davvero!

Entra in scena Parassite.

PARASSITE
Stasera non cucinare per me, ceno fuori.

MOGLIE
Con chi?

PARASSITE
Una dea ha i suoi segreti più di una donna.

MOGLIE
Senti, Parassite, ti piacerebbe frequentare un uomo come mio marito?

PARASSITE
Cioè un misero mortale?

MOGLIE
Forse da un misero mortale una dea potrebbe anche imparare qualcosa.

PARASSITE

Per esempio?

MOGLIE

L'amore.

PARASSITE

Un giorno io amerò tuo marito.

MOGLIE

Ah sì! E quando?

PARASSITE

Quando egli capirà che l'amore esista negli Olimpi.

MOGLIE

E quali sarebbero questi Olimpi?

PARASSITE

I letti non matrimoniali.

MOGLIE

Cioè scomodi.

PARASSITE

Al contrario, molto accoglienti e generosi.

MOGLIE

E di cosa son fatti?

PARASSITE

Di libidine e passione collocate sopra comodi tappeti di
seta e con coperte di puro cashmere per scaldare i corpi nudi.

MOGLIE
E tu lì cosa ci faresti?

PARASSITE
Farei impazzire gli amanti, l'uno dopo l'altro.

MOGLIE
Cioè una specie di bordello.

PARASSITE
No, il paradiso del piacere. Ti saluto. A domani.

Esce di scena.

Entra in scena il marito.

MARITO
Ecco i tuoi cioccolatini.

MOGLIE
Oh grazie! Stasera Parassite cena fuori, me l'ha appena detto.

MARITO

In quale ristorante?

MOGLIE
Non mi è dato di saperlo.

MARITO
Già, mistero di una dea.

MOGLIE
Ti dispiace che stasera non ci sia a tavola?

MARITO
Perché mai dovrebbe dispiacermi?

MOGLIE
Perché mi abbia anche confidato che un giorno vi amerete.

MARITO
E tu le hai creduto?

MOGLIE
Ho preferito non crederle.

MARITO
Sapiente decisione. Noi cosa abbiamo di cena?

MOGLIE
Salsicce con purea di patate.
MARITO

Magnifico! E l'hai detto in un certo modo…

MOGLIE
Sì, siamo finalmente soli, tu e io. Sei contento?

MARITO
La contentezza si esprime sempre alla fine.

MOGLIE
Come la saggezza sia di chi attenda il risultato.

MARITO
La filosofia dell'animo non è infatti la matematica.

MOGLIE
Anche un bacio non è un orgasmo.

MARITO
Anche questo è vero.

MOGLIE
Allora potrebbe essere una serata intensa.

MARITO
Come la notte che porti consiglio.

MOGLIE
E io consiglierei di usarlo questo consiglio.

MARITO

Penso che faremo del nostro meglio.

MOGLIE
Allora cominciamo con l'andare a tavola.

MARITO
Ottimo suggerimento.

TERZO SIPARIO, POI...

...Parassite è al cospetto di un analista.

ANALISTA
Da quando lei ha cominciato a fare la squilibrata?

PARASSITE
Io non sono pazza, ma esasperata, vorrei chiarirlo.

ANALISTA
Lo so, l'ho capito. È per questo che lei sia qui e io la
interroghi, altrimenti non l'avrei presa sul serio.

PARASSITE
Grazie, dottore. Mi fido di lei. Io sono in questo stato
di transizione da quando qualcuno abbia abusato di me,
approfittando della mia disperazione di non sapere
dove andare a dormire e della mia buona fede di
credere a un sincero aiuto. Adesso voglio fargliela
pagare.
ANALISTA

È questo il motivo dominante per cui lei si voglia manifestare fuori di senno?

PARASSITE

Sì, è stato uno schiaffo, diciamo, troppo violento! Mi ha
lasciato un segno indelebile. Non credo che mi riprenderò tanto presto.

ANALISTA

Posso sapere come lei prima concepisse un rapporto in genere, cioè il modo di relazionarsi in mezzo alla società.

PARASSITE

Pensavo che si potesse essere civili e rispettosi e che l'intimità avesse un suo valore pulito e profondo. Invece la catena sociale è fatta di anelli bisunti.

ANALISTA

Indubbiamente lei, avendo subito un atto osceno, è una testimonianza inconfutabile. Però deve superare il momento e tralasciare la vendetta, alla fine ne andrebbe ancora a suo sfavore, lo sa anche lei. Vediamo invece di ricomporre la sua quiete.

PARASSITE

Proviamo, anche se sarà molto difficile per me.

ANALISTA

Dunque, si tratta di un uomo o di una donna, o addirittura di entrambi?

PARASSITE

Mi piacerebbe che potesse intuirlo lei, dottore, mi darebbe ancor più fiducia nella sua specializzazione.

ANALISTA

Lei non crede molto nella psicanalisi, vero?

PARASSITE

Non molto, infatti.

ANALISTA

Allora le dirò la mia impressione. Secondo me è stata una
donna, con forme psicotiche di rara e al tempo stesso abbastanza comune morbosità. Sento di poter rivolgere questa morbosità a un estremo desiderio di maternità, di avere una figlia. E lei, signorina, in quel momento era una facile preda. Ma questo non giustifica comunque l'atto deplorevole o, meglio, osceno! Spesso le donne non hanno pudore, lo si osserva in certe loro manifestazioni. Quello che io mi domandi è la ragione per cui lei accetti quell'ospitalità.

PARASSITE

Per il fatto che io non riesca a pensare che sia lei la persona incriminata.

ANALISTA

E chi sarebbe allora la colpevole?

PARASSITE

Non lo so.

ANALISTA

Come? Mi fa dedurre che lei sia ancora in un forte stato confusionale. La prego, cerchi di darmi risposte più precise.

PARASSITE

Faccio del mio meglio, mi creda, ma ancora non so distinguere l'accaduto e associarlo alla colpevolezza.

ANALISTA

Quindi lei non sa cosa le sia accaduto di preciso e chi abbia agito su di lei.

PARASSITE

Forse è così. So soltanto che sia stanca di vivere nell'angoscia.

ANALISTA

Lei complica sempre di più il mio tentativo di aiuto.

PARASSITE

Mi scusi, ma le sto dicendo il vero.

ANALISTA

No, lei mi nasconde qualcosa d'importante per l'analisi. Sia chiara, altrimenti dovrò congedarla. Com'è il rapporto tra il marito e la moglie, che sia poi quella che la ospiti? E cosa rappresenti per lei, signorina, quell'uomo?

PARASSITE

Mi piace, mi affascina molto, glielo voglio portar via. Lo voglio tutto per me.

ANALISTA

Ce l'ha già in parte?

PARASSITE

Avrò con lui un appuntamento.

ANALISTA

Dove?

PARASSITE

Nella casa stessa, in camera mia.

ANALISTA

Ma lei vuole giocare con il fuoco, come si suol dire.

PARASSITE

Mi piace il fuoco, mi piace guardare le cose bruciare, mi eccitano.

ANALISTA

Ma qui non si parla di oggetti.

PARASSITE

No, si parla di animi.

ANALISTA

Una vera vendetta.

PARASSITE

Sì, una vendetta con il carattere di castigo!

ANALISTA

Non la capisco, ma posso capirla. Comunque io le consiglierei di desistere da questa follia, non le porterebbe, ripeto, che maggior danno.

PARASSITE

Ma lui, il marito, capirebbe, perché mi ama.

ANALISTA

Ne è certa?

PARASSITE

Certissima. Non si può non amarmi, io sono una dea!

ANALISTA

Scusi, quando le sia sorta questa convinzione?

PARASSITE
Quando lessi di Afrodite e mi guardai allo specchio, considerandomi subito più bella di lei.

ANALISTA
Non posso chiederglielo, però mi piacerebbe vederla nuda per capirne ancor meglio.

PARASSITE
Se lei voglia, mi spoglio.

ANALISTA
No, la prego, ho capito, mi basta vederla vestita.

PARASSITE
Come mi giudica ora? Mi dica la sincera verità!

ANALISTA
La considero una donna che abbia subito un grave trauma e che stia soffrendo terribilmente, ma che nel suo animo sia dolce, tenera e molto femminile e che nel suo profondo nasconda un forte desiderio di intrecciare un meraviglioso amore con un uomo sensibile e determinato.

PARASSITE
Sì, è proprio così.

ANALISTA

Ma quell'uomo è per caso il marito? A me può dirlo.

PARASSITE

Io sono Parassite. Una dea non può confidare un proprio segreto a un mortale.

ANALISTA

Ma io sono un medico, neuropsichiatra, è diverso.

PARASSITE

Se vorrò confidarglielo, glielo farò sapere. Ora sono stanca, voglio andarmene.

ANALISTA

Come lei preferisca.

PARASSITE

Buon giorno, dottore. Forse mi farò risentire.
...Esce di scena.

ANALISTA

Pazienti donne con certe patologie così complesse e instabili sono soggetti imprevedibili e molto difficili da curare. E il primo dubbio che emerga è quello se siano realmente affette da squilibri inguaribili oppure, in certi casi, siano delle giocatrici incredibili, delle bare della mente tali da sottomettere e sconfiggere qualsiasi accurata analisi. Questo caso è il più difficile che mi sia capitato, ma, secondo me, anche il più menzognero, in quanto la pazzia esista, ci sia fino al punto di contenersi al limite, per poi dare libero spazio alla sua interpretazione fantasiosa con la consapevole convinzione di poter apparire una persona pazza. Non so come finirà questa donna, ma per certo sentirò ancora parlare di lei.

QUARTO SIPARIO, POI...

...Come se fosse un'aula di Tribunale, il magistrato seduto al tavolo si rivolge a Parassite in piedi, un po' in disparte, con accanto l'analista.

MAGISTRATO
Lei ha commesso un delitto.

PARASSITE
Non ne sarei capace.

MAGISTRATO
A quanto pare, lei invece è stata capace.

PARASSITE
E chi avrei ucciso, una zanzara? Ah sì, ieri l'ho uccisa. Mi stava pungendo in tutto il corpo. Così, poverina, ho dovuto sopprimerla con uno schiaffo sul mio braccio.

MAGISTRATO
La smetta di fare la spiritosa, non fa ridere alcuno.
PARASSITE

Ma io non sono un'attrice comica, non faccio spettacolo.

MAGISTRATO

Però disturba tutta l'aula. Le rammento che si trovi in un Palazzo di Tribunale, non in una sala da ballo!

PARASSITE

Ma non capisco la ragione. Per aver ucciso una zanzara? È molto severa e meticolosa la legge in questo paese. Che paese è?

MAGISTRATO

Se lei continui a mancare di rispetto in questo modo, la faccio rinchiudere subito!

PARASSITE

E dove, in una cella o in un albergo come una sfollata?

MAGISTRATO

In un carcere a vita!

PARASSITE

Ma non esiste più l'ergastolo, si esce presto di prigione, basta comportarsi bene sulle prime.

MAGISTRATO

Non tollero più la sua insolenza, la faccio allontanare dall'aula!

ANALISTA

La persona non è normale, la prego di tenerne conto.

MAGISTRATO

Vedrò di tenerne conto, anche se la legge non contempli indugi. Quando lei, signorina, avrà finito di fare la sciocca, potrà rispondere per quale motivo abbia voluto commettere quel delitto?

PARASSITE

Ma io non ho commesso alcun delitto, ho dovuto soltanto eliminare la zanzara, era così fastidiosa!

MAGISTRATO

Cosa d'altro le dia fastidio?

PARASSITE

Stare qui in quest'aula.

MAGISTRATO

E ci rimarrà finché non avrà risposto alle domande.

ANALISTA

Chiedo una breve sospensione dell'udienza.

MAGISTRATO

Sospensione non accordata. Signorina, ha intenzione o no di rispondere con chiarezza alle domande?

PARASSITE
Cosa vuole sapere da me?

MAGISTRATO
Prima che io riperda la pazienza, vorrei sapere il motivo per cui lei abbia ucciso la signora Angela Concuzza.

PARASSITE
È talmente brutto questo nome che avrei avuto orrore anche ad ucciderla.

MAGISTRATO
Almeno la conosceva?

ANALISTA
Mi pare che abbia implicitamente già risposto.

MAGISTRATO
Non era una risposta! Signorina, la invito a rispondere in modo pertinente.

PARASSITE
Forse era una mia vicina di letto all'ospedale, quando mi fossi ferita a un occhio con uno spazzolino da denti o un pettine, non ricordo bene.

MAGISTRATO

Ci prende tutti per imbecilli?

PARASSITE

Al contrario, vi considero tutti più intelligenti di me. È per questa ragione che vi chieda di non giudicarmi male. Io non ho commesso alcun delitto, ve lo prometto.

MAGISTRATO

Cosa significa "ve lo prometto"?

ANALISTA

Ribadisco che si debba tener presente che non si tratti di una persona normale.

MAGISTRATO

La prego di non intervenire, dottore. Signorina, si spieghi.

PARASSITE

Significa che io non abbia ucciso e che mai ucciderò. L'ho messo o detto in sintesi.

MAGISTRATO

Lei non è normale.

PARASSITE

E chi oggigiorno sia normale, non lo è neanche un riccio.

MAGISTRATO

Un riccio?

PARASSITE
Sì, usa gli aculei per forare a modo di colapasta le
foglie autunnali invece di avvolgersi a palla per difesa.

MAGISTRATO
Non riesco a spazientirmi a sufficienza, in quanto stia
notando che il suo esprimersi nasconda una certa
cultura. Dove ha studiato?

PARASSITE
In un manicomio del Nebraska.

MAGISTRATO
La seduta è rinviata a data da destinarsi. Lei, signorina,
può andare. Lei, dottore, si trattenga un attimo, vorrei
parlarle.

PARASSITE
Buon giorno, signor giudice, le auguro un lieto fine
settimana.

...Esce di scena.

MAGISTRATO
Dottore, le confido di pensare che sia pazza, anche se
sembri molto lucida e pungente a tal punto da far
sospettare che finga di essere pazza. Comunque,
consiglierei di chiedere l'infermità mentale, sebbene si

stia qui a discutere senza la certezza che abbia commesso il delitto, anzi, senza neanche la possibilità di una supposizione, in quanto ne sappiamo poco o nulla. Lei cosa suggerisce?

ANALISTA
Propongo di cercare altre soluzioni per arrivare al concreto di questo caso così abnorme, acceso da una denuncia anonima, che non sia mai apparsa in aula.

MAGISTRATO
Probabilmente c'è di mezzo qualche altra complicità. E la cosa complicherebbe la situazione.

ANALISTA
Ma secondo lei ha scopo e senso questo processo?

MAGISTRATO
Lei mi fa una domanda che definirei impossibile. Io nella mia posizione di magistrato non posso rifiutare un processo. Mi sono spiegato? Sa quanti ne respingerei, se potessi farlo? Un'infinità! I processi sono e si moltiplicano come funghi e il difficile è distinguere quelli innocui da quelli velenosi.

ANALISTA
Si è spiegato alla perfezione. Ma le chiedo anche se la legge si senta imparziale.

MAGISTRATO

Non mi faccia, la prego, domande così imponderabili. Gliene faccio io una: lei crede veramente nello squilibrio mentale della sua paziente?

ANALISTA
Stabilire la salute della mente è un compito molto arduo, lo affermo. Nel mio campo si cerca di agire per il meglio per ottenere il risultato sperato, ma spesso non lo si raggiunge, lo ammetto. Riguardo alla mia paziente, mi causa un diluvio di perplessità, però voglio orientarmi verso la fiducia che possa salvarsi.

MAGISTRATO
Questa sua dichiarazione mi pone ancor più in difficoltà e, senz'ombra di dubbio, mi costringe in qualche modo a ritardare parecchio di tirare la somma dei fatti. Forse non ci potrà mai essere una sentenza addirittura.

QUINTO SIPARIO, POI...

...Il marito sopraggiungendo in scena sorprende alle spalle Parassite seduta in poltrona a leggere un libro.

MARITO
Posso disturbare una dea?

PARASSITE
Dovresti diventare divino.

MARITO
Ma io mi sento divino quando sia vicino a te.

PARASSITE
Sei già ammaliato dalla mia bellezza?

MARITO
E se ti dicessi dal mio desiderio?

PARASSITE
Saresti un uomo caldo e umano.

MARITO
E tu, se ti concedessi, cosa saresti?

PARASSITE
Una puttana.

MARITO
Mi geli con questa risposta.

PARASSITE
Io ti voglio gelido, per poi esser io a scaldarti con il mio ballo propiziatorio.

MARITO
Tu mi sconcerti.
PARASSITE
Preferisco che tu mi dica che io ti sconvolga.

MARITO
Sei difficile, ma piacevole.

PARASSITE
Tu dovrai struggerti per me, è così che io ti voglia. Vado di là a prepararmi, poi ti chiamerò e tu verrai per incantarti di me!

MARITO
In vero, volevo scoprire chi tu sia veramente, perché i tuoi atteggiamenti ombrosi non mi convincano affatto.

PARASSITE
Perché vuoi essermi ostile?

MARITO
Non ti sono ostile, ma potresti essere la più grande finzione esistente sulla terra, oppure una paranoica incorreggibile.

PARASSITE
Tu sei soltanto un arrogante con la presunzione di potermi capire e guarire. Sei un paramècio, anche se tu non lo sappia cosa sia (è un protozoo degli Infusori, di acqua dolce, con corpo ovale rivestito di brevi ciglia, Paramecium). Adesso vai all'inferno e non cercarmi più!

MARITO

Grazie della spiegazione. Mi scuso e me ne vado.

PARASSITE

No, tu rimani qui ad adorarmi. Te ne andrai quando sarò io stanca di te! Ma stai attento, potrei anche amarti tanto e volerti per sempre. Tu non puoi decidere, solo io posso farlo.

MARITO

Senti, Parassite, il gioco è finito! Dimmi cosa ti abbiano fatto.

PARASSITE

Nessuno lo saprà mai, neanche i colpevoli!

MARITO

Allora è implicata più di una persona, è così?

PARASSITE

Non mi fido neanche di te, chiudiamo questo argomento! E se mi desideri, prega che poi io non ti uccida, come faccia l'ape regina con il maschio.

MARITO

Io non ti desidero, voglio soltanto risolvere il tuo problema interiore.

PARASSITE

Villano e illuso, credi di poter sottomettermi?

MARITO

Io voglio soltanto aiutarti.

PARASSITE
Vai ad aiutare quello sgorbio di tua moglie, non una dea come me!

MARITO
Perché ti ostini ad ostentarti diversa da quella che tu sia veramente, cioè una donna soltanto ferita gravemente nella propria dignità?

PARASSITE
T'impongo di non insistere!

MARITO
Lascia che io ti aiuti.

PARASSITE
Non potresti mai restituirmi quello che mi sia stato tolto!

MARITO
Vorrei tanto riuscire a capire il motivo che ti abbia portata a questo disastro intimo.

PARASSITE
La cosa che finora tu abbia detto di giusto è "disastro" appunto. Ma per quale precisa ragione vuoi capire?

MARITO

Sono convinto che tu abbia compiuto un delitto e parimenti sono convinto che tu sia arrivata a questo sotto la spinta di un dramma profondo.

PARASSITE

Ti proibisco di continuare!

MARITO

Va bene, mi fermo. Ne riparleremo un altro giorno, perché prima o poi tu mi confiderai questo tuo incubo.

PARASSITE

Tu mi stai spogliando moralmente.

MARITO

Preferisci fisicamente?

PARASSITE

Non lo farò mai! E ho paura della tua intelligenza. Ti prego, adesso lasciami sola nel mio mondo.

MARITO

Allora, idealizzandoti una dea, ti obbedisco. Buona quiete.

PARASSITE

Grazie. Tu sei un uomo speciale.

MARITO

A dopodomani.

...Esce di scena.

PARASSITE

Perché scoprire la tomba del mio segreto? E cosa si creda di trovarci dentro, soltanto una zanzara! La verità è chiusa nel mio animo. Ma la curiosità umana è avida e morbosa, gode dei dolori altrui! Comunque nessuno saprà mai dove il mio mistero sia sepolto. Tuttavia temo l'intelligenza di quell'uomo e molto meno la perfidia della gente. Io sono una dea senza altare, ma vaga, perciò ancor più difficile da raggiungere. Commentando su di me, si potrebbe dire che non si debbano lasciare liberi gli squilibrati, sono imprevedibili come un agguato, perciò sono sempre pericolosi!

SESTO SIPARIO, POI...

...Il magistrato e l'analista sono a colloquio.

MAGISTRATO

È mia opinione che lei voglia a tutti i costi salvare quella donna che si faccia chiamare Parassite, anche passandosi per una dea addirittura.

ANALISTA

È malata di idee deliranti e di grandezza, ma non di persecuzione. È affetta, sì, da paranoia, ma ha subito qualcosa di seriamente grave.

MAGISTRATO

E lei come fa a saperlo?

ANALISTA

È una mia convinzione.

MAGISTRATO

Anch'io sono convinto di tante cose, ma bisogna dimostrarle.

ANALISTA

Andiamo per logica: se anche avesse ucciso, il movente non sarebbe potuto salire che dal suo animo seriamente danneggiato da una grave vicenda appunto. A sua scusante ci sarebbe uno stato depressivo tale da devastarla. Di conseguenza, la sua responsabilità si sarebbe annullata nell'inconsapevolezza.

MAGISTRATO

Vorrei poterle credere, dottore, ma sono inondato di dubbi.

ANALISTA

Il primo quale sarebbe?

MAGISTRATO

Che non abbia agito da sola.

ANALISTA

Sospetta la complicità di qualcuno?

MAGISTRATO
Parrebbe la supposizione più possibile.

ANALISTA
La penso diversamente. Se abbia agito, lo ha fatto da sola, non è tipo di condividere con alcuno, è molto indipendente.

MAGISTRATO
Questa parte della sua personalità mi era sconosciuta. Adesso mi tocca rivedere certe convinzioni.

ANALISTA
Mi creda, giudice, la convinzione può darla solo la morte e che non sia apparente!

MAGISTRATO
Ci sono molti casi di morte apparente?

ANALISTA
Diciamo, non trascurabili. Ha paura della morte?

MAGISTRATO
Come tutti.

ANALISTA
Parassite, ad esempio, ama invece vederla la morte.

MAGISTRATO

Starebbe a significare che sia un'assassina?

ANALISTA

Non ho affermato questo, ho soltanto spiegato che non la tema.

MAGISTRATO

Dottore, per cortesia, sia chiaro.

ANALISTA

Conto che presto potrò essere chiaro e che lei, giudice, comprenderà a pieno la situazione in ogni suo dettaglio. Solo allora potrò, ripeto, essere chiaro. E concludo con il gioco di parole, dicendo: sono stato chiaro?

MAGISTRATO

Lei sa che se omettesse parti della verità sarebbe condannabile?

ANALISTA

Non ho molta stima della legge, ma ne sono consapevole, sì.

MAGISTRATO

Allora le conviene dirmi sempre la verità.

ANALISTA

Anche a lei dirla a me. La saluto.

...Esce di scena.

MAGISTRATO

Abbiamo un compito difficile, ma spesso lo svolgiamo forse con troppa leggerezza. Del resto, non si può a volte competere con certe verità nascoste, andremmo incontro a situazioni complesse e spiacevoli. Comunque abbiamo un serio dovere, sappiamo espletarlo? Da parte mia m'impegno davvero. Avere la coscienza pulita è il momento più sereno in una giornata che finisca.

...Esce di scena.
...Entra in scena il marito interpretando una passeggiata in città e poi, sopraggiungendo, l'analista. Si soffermano a parlare.

MARITO

Buon giorno, dottore, come sta?

ANALISTA

Bene, grazie. Avevo proprio bisogno di parlarle.

MARITO

Sono a sua disposizione, mi dica.

ANALISTA

Lei conosce bene la signorina, diciamo, Parassite?

MARITO

Credo di poter dire di sì.

ANALISTA

Cioè a fondo, anche privatamente.

MARITO

Non esiste alcun rapporto intimo fra me e la suddetta, soltanto momenti di conoscenza.

ANALISTA

Però la conosce bene, ha una certa confidenza.

MARITO

Per quanto mi sia possibile.

ANALISTA

Perché al riguardo vorrei chiederle un favore: potrebbe scavare in lei per scoprire alcuni suoi lati a tutti noi oscuri?

MARITO

Certo, potrei fare del mio meglio, senza però garantirle, dottore, il risultato.

ANALISTA

Capisco e, comunque vada, più opinioni contribuiscono ad avvicinarsi più facilmente alla soluzione. Se soluzione ci sarà.

MARITO

Indubbiamente si tratta di un caso ingarbugliato, anzi buio. Ma potrebbe schiarirsi.

ANALISTA
Dipende tutto da quanto voglia o vorrà rischiare la signorina Parassite.

MARITO
Cosa potrebbe rischiare?

ANALISTA
Questo lo si saprà quando si conoscerà la verità. Ma ella è capace di dire la verità? Ecco l'interrogativo più audace!

MARITO
Farò in modo di farla capace. Ora mi scusi, ma devo riprendere il passo, sono atteso a un convegno sulla longevità. Non m'interessa vivere troppo a lungo e perciò farò il contrario di quello che insegneranno.

ANALISTA
Io invece sono atteso nel mio studio da alcune pazienti discutibili. La saluto. A risentirci.
SETTIMO SIPARIO, POI...

...Parassite è seduta tutta raccolta su sé stessa in poltrona. Mostra di essere in uno stato di forte afflizione. Quasi piagnucola con parole astratte.

PARASSITE

È una misera piève, la vita! Frustrazioni complicate dall'impossibilità! E frammenti sparsi qua e là! E inganni e violenze! E malinconie come fitte nebbie e come sguardi perduti nel calar del tramonto! E io con le mie ferite sanguinanti nell'animo! E il mio pensiero che corra altrove, in cerca di silenzio e quiete, odiando me stessa! Che senso abbia una cosa, se l'altra sia vana!

…Entra in scena il marito a distoglierla.

MARITO

Monologhi passatempo?

PARASSITE

Riflessioni turbate!

MARITO

Dalla mia presenza?

PARASSITE

Tu sei il benvenuto!

MARITO

Allora qualcosa mi è permesso.

PARASSITE

Sì, anche di farmi alcune domande. Mi sbaglio?

MARITO
No, non ti sbagli.

PARASSITE
Non ti arrendi mai, vero?

MARITO
Qualche rara volta.

PARASSITE
Cosa vuoi sapere, se sia pronta a confidarti un segreto?

MARITO
Ne sarei lusingato, ma temo che non me lo dirai, anche a costo di cadere nei guai.

PARASSITE
Non si può accusare senza prove.

MARITO
Ma le prove alla fine saltano fuori.

PARASSITE
Solo in caso che ci sia una colpevolezza. Io sono una dea innocente.

MARITO
Isabella, dimmi tutto. Io sono al corrente della verità.

PARASSITE

Tu sei un vile, hai tradito la mia fiducia!

MARITO

Io voglio solo aiutarti.

PARASSITE

Se veramente tu voglia aiutarmi, metti una pietra sulle tue domande.

MARITO

D'accordo. Mi offri un caffè?

PARASSITE

Certo! Vado subito a farlo.

…Esce di scena …e rientra con la tazza di caffè.

PARASSITE

Lo vuoi con lo zucchero o senza?

MARITO

Senza, grazie.

PARASSITE

Non ti piacciono le cose dolci?

MARITO

Beh, diciamo che conosca meglio le amarezze.

PARASSITE

Ma adesso tralasciamole e parliamo di sciocchezze.
Più tardi forse ti dirò cosa sia l'amarezza.

MARITO

Secondo te, qual è la più divertente sciocchezza?

PARASSITE

Parlare con intelligenza.

MARITO

Potresti farmi un esempio?

PARASSITE

Tu sai che la terra giri attorno al sole, vero?

MARITO

Certo!

PARASSITE

Ebbene, io dico che i malvagi girino attorno a me.

MARITO

Ma questa non è una sciocchezza, tutt'altro.

PARASSITE

Hai ragione, infatti è un'introduzione al mio prossimo
racconto: l'amarezza!

MARITO

Credimi, Parassite, ti ascolterò con il massimo rispetto e con la suprema attenzione, cercando di cogliere con devozione ogni particolare della tua confidenza.

PARASSITE

Lo so, Danilo, a parte il nome, sei un uomo profondo e amabile.

MARITO

Grazie, sei molto tenera a dirmi questo. Ti ascolto.

PARASSITE

Dunque, nessuno che si sia interessato a sapere quanti anni io avessi, e abbia, nessuno. All'età di sedici anni sono stata avvicinata da persone che mi abbiano proposto uno scambio, da me subito rifiutato. Così, sono arrivati all'uso della prepotenza, che ben presto si sia trasformata in violenza all'eccesso! Per quale ragione? Per favorire i capricci isterici di una signora.

MARITO

Non si tratterà di un prestito per un futuro parto, spero!

PARASSITE

Vado oltre.

MARITO

Comincio a temere davvero!

PARASSITE

Ti finisco il racconto. Questa signora ossessionata di maternità non si accontentava di un prestito che avrebbe ricevuto da altre, ma voleva il mio, pretendendo di averlo suo.

MARITO

A questo punto non mi è difficile capire cosa sia avvenuto.

PARASSITE

Sì, ti prego, prosegui tu, io non me la sento di continuare. Ah, ricordi che io abbia detto di avere solo ucciso una zanzara sul mio braccio e questo fatto abbia suscitato ilarità a chi mi avesse ascoltato?

MARITO

Sì, ricordo bene, è stato in occasione di un supposto che tu fossi un'assassina.

PARASSITE

Finisco io il racconto. Mi hanno tolto (strappato!) i miei
requisiti femminili per cucirli su quella donna o, meglio, su quel verme!

MARITO

Oh, che orrore! Non voglio credere che sia vero.

PARASSITE

Vengo al finale. Quella bambina è nata, è stata partorita, morta e io ho ucciso la zanzara sul mio braccio pensando che fosse la bambina. L'ho definito, il mio, il delitto del pensiero. Da allora ho cominciato ad avere sobbalzi di paranoia, di squilibrio, di comportamenti confusi. Ormai sono come un orafo che a volte scambi un frantume di bicchiere per un diamante. Non ho altro da dire.

MARITO

Isabella, ora svegliati da questo sogno e riprendi a vivere.

PARASSITE

E lasciamo il dubbio di tutto?

MARITO

Certo! Anche il dubbio ha il suo fascino. Direi addirittura che sia un potere!

FINE

...SI CHIUDE IL SIPARIO

L'ombra e il desiderio

ISIDJA

Mi guardo attorno con questa confluente inquietudine dentro di me... Però io amo la mia casa. Ora m'insorge la malinconia. C'è un desiderio? C'è un ricordo!

Avevo l'amore appena giunto al mio conforto. L'ho vissuto con intensa emozione. L'ho perduto per volere dell'imprevisto.

L'amore non torna più. È come una persona permalosa che non ammetterà mai di esserlo. Ma forse un dubbio rimane: se io abbia agito nel giusto per non perderlo.

Sì, l'amore non torna. Si allontana invece fino a disperdersi. È come un'onda di mare travolta da sé stessa. Ma si ha bisogno dell'amore!

Quanto l'amore mi manchi! Quanto mi manchino i suoi sussurri. Vivere senza l'amore è rinuncia soprattutto dell'intimità!

Ma il vero amore è difficile. Se ci sia, coinvolge. Vorrei sentire la sua voce dirmi < Sei la più bella, ti amo! >

Sto sognando a occhi aperti. Intanto domani dovrò andare a un funerale. Questo è solo un dovere, niente mi legava a quella persona. Sento la mancanza di lui, invece. Anche la sua città è lontana.

Vivere è difficile, ancora di più attendere. Vorrei capire me stessa. Sono fragile oppure sono fredda, pratica e cerco completezza? Credo di cercare comprensione. Bisogna meritarsela però!

Domani al funerale ci sarà anche qualcuno a me sgradito? Forse sarà un funerale solenne. Il defunto era conosciuto. Tutti diranno che fosse buono. La morte perdona tutti e tutto.

Io non perdonerei se mi facessero del male. Mi sembrerebbe, la mia, una falsa generosità! Spesso si agisce per contagio delle abitudini, il mondo va così, discende le colline dell'ipocrisia.

Oggi non ho voglia di commentare. Vorrei invece distrarmi, riposare la mente, liberarla da ogni fardello. Mi manca l'amore, tanto! Quando l'amore si esprima, è ineguagliabile emozione!

Mi metto a ballare da sola... Pazza! Tutti hanno qualche attimo di follia, magari sciocca, banale, senza senso, però si accontentano.

Oh, si fa già buio! Come faccia presto a calare la sera, imprigiona d'improvviso il giorno e lo mette a dormire, e poi diventa notte per stupire. Di notte lui mi amava o mi voleva? Che brutto e cattivo pensiero!

Sì, cattivo! Lui non se lo merita un pensiero così ostile alla sensibilità! Oh, se mi abbia udito, mi perdonerà con un sorriso carezzevole. Lui è sempre stato dolce.

Domani andrò a lavorare, è finita la vacanza... tre giorni vuoti! Con lui sarebbero stati pieni di vita. Le sue attenzioni mi riempivano le ore. Perché l'amore non ritorna?

L'amore non vuole essere un rimedio. È sempre il protagonista, il primo artefice, è anche giusto che sia così! Vorrei correre lungo una spiaggia deserta e donare all'infinito la mia libertà spensierata!

Ma non è facile far apprezzare gli slanci spontanei, spesso sono intesi male. Però a volte si gioca a fraintendere, aiuta a togliersi dagli imbarazzi. Chi avrà abitato prima di me questo appartamento? Mi è venuto d'improvviso questo pensiero, ma non ha nulla di buffo! Aiuta a passare il tempo, lo impegna.

Doveva essere un uomo molto solitario, schivo, educato. Mi piacerebbe saperlo. Sono così dentro la tristezza da confonderla quasi con la felicità. Ma voglio sapere di quest'uomo solitario... magari saprebbe affascinarmi. Devo cercarlo. Forse ha dimenticato qui qualche indizio.

Oh, questo silenzio mi affina a lui! Lo sento vicino. Potremmo essere adatti a entrambi. Sì, dammi un indizio! Se per vivere egli abbia scelto un appartamento raccolto come questo, significa che amasse l'intimità. Un uomo che ami l'intimità è sempre orientato verso la sensibilità. Forse è anche un uomo affascinante. Sarebbe perfetto. Ma la perfezione è un raggio di luce buia.

Sento i suoi passi, di quando si muovesse dalla camera alla cucina per farsi il caffè. Glielo farei io, dopo essere stata ricoperta di baci. Oh, dove sei? Devo trovarti! Forse è un musicista, sempre in giro per il mondo a suonare per le platee?

O forse è un postino a portare segrete notizie alle persone? No, sono sicura che sia un artista! Magari è un pittore a immortalare ciò che veda intorno a sé. Ma non mi farei mai ritrarre, non mi interessa essere ricordata, io voglio invece vivere i momenti!

Se lo incontrassi e poi mi deludesse? Oh, che amarezza sarebbe! Sì, bisogna stare attenti a giocare con i sogni a occhi aperti, possono mortificare. Però a me piace il rischio. È una sfida contro il prestabilito. Il vero è che anch'io abbia bisogno di amare, come pochi o come tutti.

Sì, io ti cerco e ti voglio! Se sia ben incuriosita, una donna diventa determinata e disponibile. Cosa mi potrebbe fermare? Una delusione! Ora sento la sua voce, è come una eco che cerchi di persuadere il suono a posarsi in una valle. Che bizzarre sensazioni attraversino il mio pensiero, perforandolo!

Non sarà mica morto?! Oh no, spero proprio di no! Io voglio conoscerlo. Se lo dovessi incontrare, gli direi subito del mio amore, come da impulso! Però non si sa mai come comportarsi. Bisognerebbe essere sempre spontanei, è la formula più giusta. Comunque, la mente umana non ha mai un vero equilibrio, i sobbalzi dell'emotività hanno spesso il sopravvento! Vorrei credere anche a me stessa!

Qualcuno ha suonato alla mia porta! Chi sarà mai? E se fosse lui o il suo spirito? Dio!, che angoscia! Io non apro!

Chi è? Se ci sia qualcuno, risponda! Non vorrei vaneggiare, ma qualcuno c'è là fuori! Insisto, chi è? Non c'è nessuno!

Gli incubi intimi sono terribili, sono ossessioni!

Mi domando per qual motivo io stia ancora vivendo sola. È quasi inspiegabile. È una scelta oppure un susseguirsi del caso? Quando fossi una giovinetta, giocavo all'amore, cioè inventavo dialoghi con un ignoto ragazzo, mio simbolo di una relazione. Gli chiedevo di viziarmi d'amore. Era piacevole desiderare così! Anche ora sento nello stesso modo, voglio essere viziata d'amore… io voglio l'amore distinto con una sola definizione: stupendo!

Oh, il mio pensiero torna a frugare nell'esistenza di lui. Vorrei che fosse un vagabondo ricco. Mi piace vagare per il mondo insieme a un uomo sempre pronto a viaggiare e amare. O forse sono nata per aspettarlo a casa e dargli l'amore. Tutte dicono così, ma noi donne siamo bugiarde anche in questo! Non m'importa questo discorso, io voglio riuscire a conoscerlo!

E questo biglietto cos'è? Dio!, è il suo indirizzo! L'ho trovato! Gli telefono o vado a cercarlo a casa? Forse è meglio che gli telefoni. Sì, è meglio. Gli telefono.

Mi scusi, sono imbarazzata e anche emozionata, lei è Laurence?... Ah no, e chi è?... Ah, lei è il nuovo inquilino… E lui dov'è?... No, non può essere, lei sta mentendo!... Non voglio credere!

Morte, tu punisci troppo spesso chi voglia essere felice! Tu sei immortale, ma non sei una dea, sei la tenebra dentro cui precipitiamo tutti. Che tu sia maledetta!

FINE

Aforisma

Tutti gli aspetti della vita finiscono in quel silenzio che si chiami OBLIO. A volte vengono risvegliati soltanto per diffondere la parvenza del serio ricordo. Questo incolume aforisma si racchiude nel vocabolo IPOCRISIA.

Il treno per sfuggire...

Dialogo

Seduti su di una panchina lungo la pensilina di una stazione ferroviaria.

KARYD
   Scusi, a che ora passa il treno?

PETER
   Il primo treno passerà tra un'ora.

KARYD
   È un po' tardi, ma aspetterò.

PETER
   Lei dov'è diretto?

KARYD
   Dove il treno mi condurrà.

PETER
   Sì, ma non ha una meta?

KARYD
   Perché lo vuol sapere?

PETER

Per nessuna ragione, è soltanto una semplice curiosità.

KARYD

Non mi faccia altre domande. Lei per caso è un poliziotto?

PETER

Noto però che a lei piaccia fare domande.

KARYD

Sono soltanto informazioni.

PETER

Qual altra informazione voglia chiedermi?

KARYD

Lei arresterebbe una persona che sparli di un'altra?

PETER

Per prima cosa le chiederei il motivo che la spinga a inoltrarsi in un'offesa.

KARYD

Da come lei si esprima, mi fa pensare che il suo grado sia alto.

PETER

Tutti i poliziotti sono degni di rispetto. Comunque io non sono un poliziotto, ma uno psichiatra.

KARYD

Cioè uno che analizzi le menti malate. A suo parere, io come sono?

PETER

Un individuo che voglia giocare a sembrare difficile, ma che in realtà sia soltanto fragile.

KARYD

Io sono più forte di quanto lei possa supporre!

PETER

Se fosse così, non se la prenderebbe facilmente.

KARYD

Ho reagito solo a un'offesa.

PETER

Ma io non l'ho offeso.

KARYD

Già, mi ha solo analizzato!

PETER

Mi scusi, ma cos'è che tormenti il suo animo?

KARYD

Una delusione. Ma lei non può capire.

PETER

Invece penso che si tratti di una delusione amorosa. E le suggerisco che non valga la pena tentare un suicidio per amore né per alcuna altra cosa.

KARYD

E chi le abbia detto che io voglia suicidarmi, per caso la sua psichiatria?

PETER

Altrimenti non sarebbe qui ad aspettare il passaggio di un treno senza sapere dove sia diretto.

KARYD

Quindi lei è convinto che io voglia mettere fine alla mia esistenza.

PETER

Dalle prime sensazioni direi di sì.

KARYD

E lei è qui per sconsigliarmi e dissuadermi, vero?

PETER

In vero sono qui per prendere il treno che mi porterà a destinazione.

KARYD

Dove?

PETER
A Haldenheim, dove io abbia lo studio.

KARYD
È una bella città?

PETER
Movimentata. Ma io la frequento poco, sono molto impegnato nel mio studio, appunto.

KARYD
Ci sono tante menti malate?

PETER
Diciamo che nel mondo ci siano ormai molti drogati, che alla fine subiscano traumi psichici non indifferenti o, più precisamente, problematici.

KARYD
Lei riesce a salvarli tutti?

PETER
Questa sarebbe l'intenzione, ma non ho la certezza del risultato finale, è troppo utopistico.

KARYD
Allora perché curarli.
PETER

Si tenta sempre di raggiungere lo scopo, anche in funzione della sicurezza degli altri cittadini.

KARYD

I drogati non hanno la facoltà della riflessione?

PETER

Se l'avessero, credo che si eviterebbero parecchi danni.

KARYD

La sua è anche una missione?

PETER

No, la mia è una professione.

KARYD

Allora è a scopo di lucro.

PETER

Di guadagno per vivere decorosamente, è diverso.

KARYD

Lei saprebbe indovinare che lavoro io faccia?

PETER

Non faccio l'indovino. Comunque suppongo che lei sia un impiegato di un Ente Pubblico o qualcosa di simile.

KARYD

E da che cosa lo abbia capito?

PETER

Dal suo abbigliamento serio e dalle sue mani curate.

KARYD

È vero, sono un impiegato di banca. Complimenti, dottore.

PETER

Lasci stare i complimenti e mi dica se l'amore deluso provenga da una sua collega di lavoro.

KARYD

Sì, è una mia collega. Prima mi ha illuso, poi mi ha rifiutato.

PETER

Succede spesso, non è il suo il primo caso. Se fossi in lei, egregio signore, la ignorerei e farei in modo d'incontrare qualcuna più sincera e disponibile, a meno che la sua delusione non sia fasulla, per il fatto che la sua collega non abbia mai dato segni di corresponsione.

KARYD

Forse ha ragione, dottore, anzi ammetto di essermi illuso senza alcuna prova di partecipazione da parte della mia collega. Ma è bella.

PETER

Lei è sposato? Scusi la domanda.

KARYD

No, speravo di farlo con la mia collega, appunto.

PETER

Mi creda, si ravveda e d'ora in poi non si lasci trasportare dalla passione cieca. Una donna va valutata, così come un uomo, prima di prendere ogni iniziativa. Ora segua il mio consiglio di lasciare la stazione e di andare a casa a riposare.

KARYD

Grazie, dottore, sono stato fortunato, mi ha salvato la vita.

PETER

Sono gli imprevisti positivi della vita.

KARYD

Mi scusi, lei è sposato?

PETER

Sì, ho una brava moglie e una figlia.

KARYD

Come si chiamano?

PETER

Rispettivamente Olivia e Serena.

KARYD

Dottore, la saluto, mi è venuta fretta di tornare a casa.

PETER

La capisco. Ah, domani, in banca, non si vergogni di salutare mia moglie.

KARYD

Ora lei, dottore, mi fa rimanere male.

PETER

Si può riprendere chiedendomi scusa.

KARYD

Sono davvero mortificato, mi creda.

PETER

E io sono contento che lei non abbia commesso una grave sciocchezza, se sciocchezza si possa definire.

KARYD

Mi dica come la vorrebbe definire veramente.

PETER

Mi piace definirla un autodelitto, oppure, per essere più lineare, un'eccessiva imprudenza.

KARYD

Lei è felice con sua moglie?

PETER

Nessuno è felice, ma tutti ci provano ad esserlo.

KARYD

Mi lascia in pieno stupore.

PETER

Così avrà modo di riflettere a lungo. Sta arrivando il mio treno. La saluto.

Il dovere della morte

Dialogo

LEI

Per qual motivo temere la morte? Dovrebbe essere un'eternità di pace.

LUI

Secondo me, nel momento del trapasso, più o meno lungo, dipende, c'è un'assillante sofferenza.

LEI

Ma poi si conquista la pace, appunto.

LUI

No, poi si va a patire.

LEI

Ti prego, non mi spaventare. Perché si vada a patire?

LUI

Si entra in un mondo difficile, in cui il nostro passato colpevole venga risvegliato e tormentato da un continuo assedio, facendoci cadere in una depressione senza fine.

LEI

È angosciante! Ma perché mai debba accadere tutto questo e non la pace eterna?

LUI

Per il fatto che l'umano sia destinato al patimento e non alla serenità. Il Creato ha voluto così, in quanto l'umano sia la sintesi della malvagità, dell'ipocrisia, dell'ambiguità.

LEI

Però che colpa abbiamo noi se nasciamo così!

LUI

Una colpa astratta ma concreta nell'uso dei nostri comportamenti sempre basati sulla falsità e sull'opportunismo.

LEI

Però abbiamo la religione a salvarci insegnandoci altri valori.

LUI

La religione è un costrutto della società per speculare sulle anime in miseria di spirito. Le sue dottrine sono eresie!

LEI

Dunque tu sei ateo!

LUI

Credo nel Soprannaturale, che ci abbia dato l'intelletto affinché capissimo il nostro limite. Ma noi abbiamo sempre voluto sconfinare.

LEI

Però abbiamo anche inventato molte cose geniali.

LUI

Comunque sempre ispirandoci ai suggerimenti della natura che ci circondi. Però la nostra presunzione non ha mai accettato l'inferiorità rispetto all'irraggiungibile.

LEI

Ma parlami ancora del futuro, cioè della morte, mi coinvolge molto.

LUI

Durante il trapasso la nostra mente si allontana dalla quotidianità e spazia in un infinito senza precedenti, in cui s'intraveda un viaggio privo di meta o approdo. È questa prospettiva a inserirci in quella depressione che abbia citato prima.

LEI

Ti prego, chiudiamo questo discorso, mi sgomenta troppo. Io sono sana, voglio vivere ancora e più a lungo possibile.

LUI

Certo, la nostra paura della morte ci induce a prediligere la vita, anche se la bestemmiamo di continuo.

LEI

Non sempre.

LUI

Ti concedo l'eccezione "di quando in quando", ma rimane un'eccezione.

LEI

Intesa a confermare la regola, appunto.

LUI

No, a deformarla, è diverso.

LEI

Il tuo pessimismo mi terrorizza ancor più di un improvviso terremoto violento.

LUI

Non si tratta di pessimismo, bensì di ragionamento con l'impiego dell'animo e dello spirito.

LEI

Dimmi sinceramente, chi pensi che possa capire la tua profondità così penetrata nei dettagli supremi della vita?

LUI

Nessuno. E nessuno vorrà mai capirmi.

LEI

Tu sei felice?

LUI

Non esiste la felicità, è solo un'illusione comoda o scomoda.

LEI

D'accordo, modifico la domanda: tu sei contento almeno qualche volta?

LUI

Io sono l'insieme delle malinconie!

LEI

Oh, quante siano mai le malinconie?

LUI

Quattro. La prima è il malessere, la seconda è la diffidenza, la terza è l'incertezza, la quarta è l'intelligenza.

LEI

Perché l'intelligenza inserita nelle malinconie?

LUI

Per la ragione che l'intelligenza porti a capire.

LEI

Sei troppo complicato! Però devo confidarti che sia molto interessante dissertare con te.

LUI

È un complimento?

LEI

È la verità.

LUI

Posso dubitare?

LEI

Non te lo concedo.

LUI

Ecco, tu sei umana!

LEI

E tu cosa sei?

LUI

Un idiota, ma intelligente.

LEI

Smettila! E parlami sempre, mi fai sentire profonda.

LUI

D'accordo! Concludo il discorso intorno alla morte, ai suoi dintorni e al suo dopo con l'inserimento di una similitudine ermetica ma non illeggibile < Nel silenzio della notte si ode solo il respiro del sonno altrui, oppure il rumore dei divertimenti idioti. Ma dov'è la vita? Nei passi del giorno. Allora sono preferibili le tenebre. >

LEI

Che buio ci sarà nell'aldilà?

LUI

Una costante penombra lugubre.

LEI

E nessuna luce?

LUI

Nessuna.

LEI

Neanche quella del perdono?

LUI

Sarebbe troppo comodo il perdono!

LEI

Non ci sono attenuanti per gli sbagli?

LUI

No, perché esista anche la possibilità della riflessione.

LEI

Pare quasi che tu sia venuto da un'altra vita.

LUI

Da tre vite, ma sempre esistenti in questa in cui stia vivendo.

LEI

Prima che mi confonda... vale a dire?

LUI

La giovinezza: momento privo di ragione, vacuo. La fase adulta: momento privo di interpretazione, banale. La vecchiaia: momento privo di orientamento, penoso.

LEI

Scusami, però mi sconcerti, anche se il tuo intelletto mi rapisca.

LUI

Di te mi piace la tua espressione incantata.

LEI

Eh sì, non so cosa pensare, cosa dire, cosa rispondere.

LUI

Ti dò un aiuto: la morte avverte prima di prendere.

LEI

In che modo?

LUI

Agitando i tuoi sonni.

LEI

D'ora in poi, prima di coricarmi ingerirò un sonnifero.

LUI

Ma per certe situazioni non ci sono palliativi o rimedi, ci sono soltanto l'attesa e la sorpresa.

LEI

Dimmi la sorpresa.

LUI

La data della morte.

LEI

Ah, lusinghiero! Nessuno è più funebre e tetro di te.

LUI

Sì, ce n'è uno: io!

LEI

Non riesco a ridere.

LUI

Emozione logica.

LEI

Ma desidero ancora ascoltare quali siano le ragioni più opprimenti per temere il trapasso e di conseguenza l'aldilà.

LUI

Non ti dai proprio per vinta o, meglio, per serena.

LEI

Ho bisogno di sentirmi rasserenata, di uscire da questo tormentoso incubo.

LUI

Non sono io la persona adatta a tranquillizzarti. Dovresti rivolgerti a un religioso, magari a un teologo.

LEI

Ma io voglio udire il vero. E la tua onestà analitica mi persuade di più.

LUI

Però sono costretto a rattristarti, perché le mie riflessioni sul futuro eterno non trovino alcun riscontro benevolo, bensì una configurazione ostile in cui l'esistenza terrena si annulli al cospetto dell'infinito sconosciuto (di cui in vita si abbia parlato solo con il senso poetico). La vera ragione per cui la morte susciti una miriade di supposizioni sussiste nella sua crudezza: mette la parola fine alla vita, come in una tragedia teatrale ben rappresentata.

LEI

Ma cosa rappresenti bene la vita?

LUI

Soltanto la provvisorietà e l'ostentazione.

LEI

Allora la morte è un giusto risultato.

LUI

Sì, direi anche doveroso.

LEI

Ma rimane il pesante dubbio della sofferenza nel trapasso e verso l'aldilà.

LUI

Ci sarebbe un rimedio, l'unico a mio parere.

LEI

Confidamelo.

LUI

Non nascere.

LEI

Questa tua affermazione sentenziosa mi distrugge del tutto. Pare quasi voler significare che la vita sia il solo mondo concesso ai mortali, destinati poi a peggior sorte.

LUI

Sì, neanche i sogni sono immortali.

LEI

Per favore, sconvolta per sconvolta, definiscimi la morte.

LUI

Una fine senza silenzio e senza rumore. Una eco che si disperda nel pensiero funebre.

LEI

E nella bara si respira ancora?

LUI

Nessuno potrà mai risponderti.

LEI

È così ossessionante il nostro finale?

LUI

È una liberazione traversa e funesta.

LEI

Cambiamo argomento: cosa farai domani?

LUI

Ho due alternative: andare a fare una passeggiata nel parco, oppure andare a riflettere al cimitero.

LEI

E una terza come potrebbe essere?

LUI

Potrei dirti: morire. Oh, quando sarò cipresso fermerò la mia lunga ombra su di te.

LEI

Ma sono parole stupende, con un significato pieno di delicatezza anche se triste.

LUI

Non direi triste, piuttosto direi sensibile. È una dedica.

LEI

Tu dalla tristezza sai far affiorare la dolcezza, è una dote rara.

LUI

Come puoi notare, la morte sa essere anche una poesia, perciò non ti affliggere più e cogli i soffi del vento, sono sussurri di voci che provengano dall'aldilà, l'infinito.

LEI

Parlami di te.

LUI

Di me vero o di me vivo?

LEI

Spiegati, cervello complicato.

LUI

Io vero, sono alleato del silenzio e della solitudine. Io vivo, sono prigioniero di un mondo che non mi si addica.

LEI

Ora dove andrai a vivere?

LUI

Come fai a sapere che mi trasferirò?

LEI

Me l'hai detto tu, quando ti mostrai il mio documento d'identità.

LUI

Sì, ricordo, la fotografia non era bella, non sembravi neanche tu, e io diffido delle false apparenze.

LEI

Sai anche essere divertente. Qual è la qualità che tu non abbia?

LUI

L'eternità.

LEI

Quindi confermi tutto quello che tu abbia dissertato riguardo alla morte.

LUI

Lo confermo e anche aggiungo che l'animo non sia legato alla mente, ma che sia legato al segreto. Ecco perché il nostro futuro sia inspiegabile.

LEI

Posso osservarti a lungo?

LUI

Fai pure.

LEI

Sto leggendoti: esiziale (funesto, pernicioso, rovinoso)!

LUI

Almeno ti esprimi in modo erudito o con linguaggio erudito. Sì, condivido, io non sono vantaggioso né provvidenziale.

LEI

Sei come un esodo sconfinato. Ma prima che tu sparisca in quella sperduta e nebulosa folla, voglio ancora udire le tue ultime parole sull'aldilà!

LUI

Poi finalmente ti arrenderai?

LEI

Sì, mi arrenderò!

LUI

L'aldilà? Un silenzio che si concreti nel nulla, nell'incomprensibile. Nella sua perenne quiete si respira soltanto una nostalgia ossessionante di qualcosa che si abbia perduto, ma senza sapere che cosa, forse il pensiero. Anche l'animo tace il proprio senso e svanisce risucchiato nei vortici del passato ormai inesistente. Lo sguardo rimane cieco nel vuoto e la depressione della mente si annunzia tragicamente eterna. Ma, ahimè, la morte è un dovere.

LEI

Fino a quando sarà un dovere?

LUI

Fino a quando si continuerà a nascere. La morte suggella la fine dell'esistenza. Poi è l'infinito a inumarla. Io ti dico: soffia il vento!

THE END

Il teatro è moribondo...

Dopo di me chi sarà il talento? Non vedo questo futuro. Ormai la tecnica ha oltraggiato l'estro. L'arte vera è morta. Povero mio amato teatro!

Ieri ho finito di scrivere un altro testo di alta drammaturgia. Ma a che scopo? Già, a che scopo? C'è troppa ignoranza d'animo oggi nel mondo, in pochi capirebbero di dover apprezzare certe mie messe in scena teatrali.

Ho prenotato un teatro per le prove e per la sera della rappresentazione. Due attori e tre attrici in palcoscenico a recitare secondo i miei attenti e profondi insegnamenti. Il testo ha dialoghi letterari e significativi, privilegiando la qualità. Il teatro è un'arte raffinata e sottile, non può essere espresso superficialmente, bisogna corredarlo di recitazione virtuosa. Anche il testo deve essere di alto livello, sia come contenuto che come dialogo. Riguardo al pubblico, esso deve sapere che il vero teatro non sia divertimento ma impegno a cogliere e riflettere. Chi non capisca questo, farebbe meglio a starsene a casa oppure ad andare a vedere spettacoli privi di dignità teatrale. Io chiedo sempre agli spettatori di non offendere il teatro presenziando senza motivo di presenziare.

Il debutto di questa mia nuova messa in scena ha ricevuto consensi unanimi, confermati da una lunga sequenza di applausi. L'opera ha costretto il pubblico a scoprire quanto sia piacevole ascoltare dialoghi eleganti e incisivi, inseriti in un racconto di magistrale drammaturgia.

Alla fine, prima di chiudere definitivamente il sipario, io ho trattenuto il pubblico con una breve ma dinamica dissertazione inerente ai valori teatrali e ai suoi molteplici dettagli. Senza peccare di immodestia, devo affermare che il risultato sia stato un corale applauso di considerazione. Sì, sono riuscito, al pari della mia opera, ad affascinare anche gli animi ostili e meno provveduti. Ma io diffido del pubblico, e soprattutto di chi, mediocre e meschino, lo spinga per proprio comodo verso altre direzioni, tutte di basso livello, se non volgare addirittura...

Sarà di nuovo pieno di presenze il teatro nella mia prossima messa in scena?

Considerazioni espresse dal Maestro
Roberto J. Miali

Parlando di teatro, al suo interno con palcoscenico e platea, il suono del silenzio è spesso infranto dal rumore della recitazione degli attori e delle attrici delle varie Compagnie, ahimè anche molte Amatoriali. Uno dei fatti più difficili è riscontrare talento in quegli illusi. Recitare come si debba, o come si dovrebbe, è quasi divinità concessa a pochi eletti. Gli altri blaterano i dialoghi, che spesso siano anche poveri di contenuto, ma il pubblico, esattamente la maggior parte di esso, contribuisce con la propria pochezza d'animo e d'intelletto a incrementare e incitare, quasi come un tacito invito, la prosopopea degli illusi. Così, proliferano le Compagnie Teatrali, soprattutto quelle Amatoriali (una precisazione: per amatoriali io intendo composte di sprovveduti e improvvisati). Quello che il pubblico dovrebbe capire è che il vero teatro non sia divertimento, bensì impegnare l'attenzione a seguire i ritmi e i significati di un testo recitato. Sto parlando di vero teatro, appunto, perché quello soltanto chiamato, abusivamente, teatro non sia altro che misero avanspettacolo, al quale non occorra prestare alcuna attenzione impegnativa, appunto, in quanto sia talmente superficiale e spesso volgare da non distogliere alcuna mente già priva di obbligo intellettuale. Il vero teatro richiede profondo rispetto! Per dare un'idea proporzionale dico: mille persone possono fare teatro, ma un milione di persone lo fanno. Più chiaro di così non potevo essere.

Chi-come

Dialogo

CHI
> Mi racconti di lei.

COME
> Sono nato ad Amburgo.

CHI
> Quindi lei è tedesco.

COME
> Sì, tedesco autentico.

CHI
> Chi prima di lei sia nato ad Amburgo?

COME
> Molte e numerose persone, tra le quali Hoffen.

CHI
> Questo nome mi è sconosciuto.

COME
> Era uno scrittore intelligente.

CHI

Cosa significherebbe?

COME
Che a volte all'intelligenza non si dia la giusta considerazione.

CHI
Lei l'ha data?

COME
Spesso e sempre.

CHI
Molto deciso!

COME
Ed anche determinato.

CHI
A fare che cosa?

COME
A interrompere certa ignoranza!

CHI
Un compito molto impegnativo direi.

COME
La volontà non mi manca.
CHI

E la capacità?

COME
Quella la dimostrerò.

CHI
M'incuriosisce.

COME
Preferisco essere stimato.

CHI
Ma prima dovrò conoscerla.

COME
Cominci già da ora a capire chi abbia di fronte.

CHI
Lezione d'intuito?

COME
No, certezza di me stesso.

CHI
Evito di dirle presunzione.

COME
Apprezzo il suo tempismo.

CHI

Lei è difficile.

COME

Al pari di una parola astratta.

CHI

E di concreto cosa c'è?

COME

Il significato.

CHI

Può tradurmelo?

COME

Sapido concetto.

CHI

Riferito a cosa?

COME

Al tutto e al niente.

CHI

Il niente esiste, ma non esiste il tutto.

COME

Si equivalgono.

CHI

Lei cosa ha scelto?

COME

Il niente per cercare il tutto.

CHI

Risposta ferrea.

COME

Io direi inutile.

CHI

Allora per qual motivo lo cerca il tutto?

COME

Per ingannare il tempo.

CHI

Pensavo per ambizione.

COME

L'ambizione è troppo scivolosa.

CHI

Ha paura di cadere?

COME

No, le cadute sono d'obbligo nella vita.

CHI

Quante volte è caduto?

COME
Sempre.

CHI
Perciò conosce le ferite.

COME
Ma non ho cicatrici.

CHI
Intende dire che nulla le abbia fatto del male?

COME
No, che tutto mi abbia fatto del male.

CHI
Sinceramente non la capisco.

COME
Lo supponevo.

CHI
Così un po' mi offende.

COME
La sua permalosità dovrebbe offenderla, non le mie repliche.
CHI

Lei ha sempre agito verbalmente in questo modo?

COME
Le mie azioni vanno di conseguenza.

CHI
Insomma, quanto riceva tanto dia.

COME
Io non dò né ricevo. Mi limito.

CHI
Cioè?

COME
Ascolto, rispondo e taccio.

CHI
Ovvio. Cosa vorrebbe fare d'altro?

COME
Andare a visitare questa città in cui ora mi trovi.

CHI
Ma penso che sia meno bella di Amburgo.

COME
Forse. Comunque è pur sempre una città attiva.

CHI

Cerca anche compagnia?

COME

Di solito le migliori compagnie spuntano all'improvviso, come un fiore inseminato dal vento in un prato.

CHI

Lei ama la poesia?

COME

Se scritta bene, sì.

CHI

Ci sono anche poesie scritte male?

COME

Molte!

CHI

Lei è così attento da saperle giudicare?

COME

È il mio animo a farlo per me.

CHI

Quindi lei si ritiene sensibile.

COME

La sensibilità può anche essere soggettiva, ma non deve mai sbagliare.

CHI

È per caso perfetta?

COME

La perfezione si avvera quando lo sbaglio sia perfetto.

CHI

Traduca, per cortesia.

COME

Perfezionare è impossibile, sbagliare è quotidiano.

CHI

Dove l'ha letto questo aforisma?

COME

In un saggio di Hoffen.

CHI

Che sarebbe lo scrittore da lei prima citato, vero?

COME

Sì, lo scrittore supremo.

CHI

Perché supremo?

COME

Perché come lui non ce ne siano. Nei suoi scritti non ha mai usato la politica, né citato la cronaca, né romanzato. Ha sempre scritto con creativa sapienza di concetti e di idee.

CHI

Una persona autonoma.

COME

Sì, scorrevole.

CHI

E lei come si consideri?

COME

Un mondo in un mondo dentro un mondo.

CHI

Lei dunque è concentrico.

COME

Apprezzo l'umore dell'aggettivo usato, però non sono matematico e non giro intorno a me medesimo, ma intorno alla fantasia sostanziale.

CHI

Qual è la sostanza?

COME

Il sollievo.

CHI

Di cosa?

COME

Di poter dire: io posso!

CHI

Potere che cosa?

COME

Amare la solitudine e i controsensi di essa.

CHI

Nessuno l'ha mai guardato con un forte stupore in volto?

COME

Tutti.

CHI

Ma immagino soprattutto le donne.

COME

Dipende da quali donne.

CHI

Quanti tipi di donne lei conosce?

COME

Non saprei, per un verso o per un altro si somigliano un po' tutte.

CHI

Non è un complimento.

COME

E neanche lo volevo fare.

CHI

Alquanto scortese o acido, non le pare?

COME

Che risposta si attende?

CHI

Almeno un briciolo di pentimento.

COME

Non credo che io debba giustificarmi.

CHI

Beh, ha ragione. Ho seguito la sospinta della vanità.

COME

Non deve giustificarsi neanche lei. Piuttosto, saprebbe dirmi dove io possa trovare un albergo fornito anche di un bel giardino?

CHI

Sì, certo! Ma se non abbia ancora un luogo dove soggiornare, potrei ospitarla io.

COME

Lei ha un albergo?

CHI

No, ma ho una casa spaziosa, un attico con un grande terrazzo.

COME

Ci vive da sola?

CHI

Con mia figlia. E sto cercandole un marito. È sorpreso?

COME

A dire il vero, anche se non la conosca, pensavo che fosse capace di cercarselo da sola.

CHI

È bella, ma è timida, troppo!

COME

La timidezza non dovrebbe rappresentare un ostacolo così limitativo.

CHI

Però a volte e anche spesso lo è, mi creda.

COME
Lei ci è passata attraverso questa fragilità con esperienza diretta?

CHI
No, io sono sempre stata un'audace, una sfacciata.

COME
Sfacciata?

CHI
Sì, mi piaceva dominarli i maschi.

COME
Supplici della sua bellezza?

CHI
Non sta a me dirlo, ma era così.

COME
Ha anche fatto così con suo marito?

CHI
Non sono sposata.

COME
L'avevo intuito.
CHI
Da che cosa?

COME

Non mi sembra lei il tipo di donna da matrimonio.

CHI

Me lo si legge in volto?

COME

Il suo sguardo è invitante e sfidante, senza dubbio affascinante. Però, secondo me, lei è più adatta per essere un'amante fuori degli schemi quotidiani.

CHI

Radiografia corretta! Accetta la mia ospitalità?

COME

A questo punto, dire no sarebbe quasi lesivo verso di lei e non di sua figlia.

CHI

Lei è come un ghepardo. Mi piace.

COME

Io o il ghepardo?

CHI

Tutti e due.

COME

Risposta arguta e completa.

CHI

Lei le seduce così le donne, con la sua intelligenza?

COME

Diciamo che l'intelligenza mi aiuti.

CHI

Lei ha fascino da vendere.

COME

Preferisco tenerlo per me e usarlo per mie ragioni.

CHI

Diavolo di un uomo, lasciamo questo bar e andiamo
che le faccio vedere il mio attico! Le piacerà.

COME

Ne sono convinto anch'io.

ESCONO DI SCENA E RIENTRANO IN SCENA

CHI

Ecco, è di suo gradimento?

COME

Gradire è vivere.

CHI

Le piacerebbe vivere qui?
194

COME

Come ospite, come pensionato o come frequentatore speciale?

CHI

Può darsi.

COME

Risposta sottile e in parte significativa, mi congratulo.

CHI

Un complimento fa sempre piacere.

COME

A chi?

CHI

Ad entrambi.

COME

Se continuiamo a essere così sottili, rischiamo di diventare quasi scheletri.

CHI

Ma lei è un bell'uomo.

COME

E lei è una bella donna.

CHI

Allora ci accorderemo.

(Un po' indispettita) Ah, ecco arrivare mia figlia!

FIGLIA

Mamma, chi è questo signore?

COME

Buon giorno, gentile signorina, sono un uomo venuto da lontano.

FIGLIA

Come in un romanzo.

COME

Patetico o romantico?

FIGLIA

Descrittivo.

COME

Lei è proprio figlia di sua madre.

FIGLIA

Mamma, gli avevi messo dei dubbi?

CHI

Gli ho soltanto detto che tu fossi una ragazza timida.

FIGLIA

Cazzo, che stupidaggine!

COME

Espressione linguistica di prim'ordine!

FIGLIA

Le piacerebbe conoscere tutto il mio repertorio?

COME

Non sarebbe di mia preferenza, ma se lei voglia...

CHI

Ma cosa ti è mai saltato in mente, sei impazzita?!

COME

Non la rimproveri, è una ragazza spigliata, moderna.

CHI

È una maleducata, ecco cosa sia!

FIGLIA

Sono tua figlia.

CHI

Ma non mi somigli di certo!

FIGLIA

Cortese sconosciuto, anche lei non trova che ci sia tra madre e figlia alcuna somiglianza?

COME

Questo sconosciuto riscontra qualche somiglianza.

FIGLIA

Lei mi è simpatico. È anche un bell'uomo, me lo farei tutto!

COME

Ma io sono timido.

FIGLIA

Nessun problema, la sveglierei io!

CHI

E in che modo?

FIGLIA

Sei per caso gelosa?

CHI

Direi che sia il momento di smetterla, altrimenti ti dò un tale schiaffo che te lo ricorderai per tutta la vita!

FIGLIA

Provaci!

CHI

(Dandoglielo) Ecco fatto!

FIGLIA
Ti odio!

ESCE DI SCENA

CHI
Ha visto? È fortunato lei a non avere figli.

COME
Non si tratta di fortuna, ma di scelta.

CHI
A volte anche d'infortunio.

COME
Come sia capitato a lei?

CHI
Appunto!

COME
Mi spiace. Comunque ora pensiamo a sanare questo momento imprevisto.

CHI
Lo trovi lei il modo, io sono troppo tesa.

COME

Andiamo tutti e tre a cenare al ristorante. Non credo che sua figlia vorrà dare spettacolo anche in pubblico.

CHI

D'accordo. Ci pensi lei a dirglielo.

COME

Posso bussare alla porta della sua camera?

CHI

Certo! Venga, gliela indico.

ESCONO DI SCENA. POI ENTRA IN SCENA SOLO LUI

COME

Signorina, mi è concesso di parlarle un attimo?... Ma dove si è nascosta?

FIGLIA

(Apparendo) Sono qui! Cosa vuole dirmi?

COME

Volevo solo sapere quale sia il suo piatto preferito, il primo o il secondo?

FIGLIA

Il terzo!

COME

Non avevo dubbi che preferisse il dolce.

FIGLIA
E lei invece beve l'amaro?

COME
A volte, per digerire.

FIGLIA
Il mio comportamento?

COME
Quello è già digerito.

FIGLIA
Grazie.

COME
E io ringrazierei lei se venisse a cenare con noi al ristorante.

FIGLIA
E cos'ha detto mia madre?

COME
È d'accordo.

FIGLIA
Cos'è mia madre per lei?
COME

Sua madre.

FIGLIA

Lei è più agile di un ghepardo.

COME

Me l'hanno già detto.

FIGLIA

E io glielo ripeto: lei è un bel ghepardo!

COME

Detto da lei, è lusinghiero, grazie.

FIGLIA

Faremo mai l'amore io e lei?

COME

Gloria agli eventi!

FIGLIA

Ma io non voglio bambini.

COME

Neanch'io!

FIGLIA

Lei è anche saggio.

COME

Come tutti gli individui indipendenti.

FIGLIA
Lo sa, starei ore ad ascoltarla: sia la voce che le parole sono affascinanti.

COME
Avremo tempo per parlare. Ora la lascio prepararsi per uscire a cena.

FIGLIA
Dopo la doccia, mi vestirò tutta elegante.

COME
Non lo dubito. A dopo.

FIGLIA
A dopo. E non racconti a mia madre dei nostri discorsi.

COME
Per certo, sono segreti tra noi due.

FIGLIA
Grazie, lei è un complice meraviglioso!

ESCONO DI SCENA

CHI

Cosa c'è tra lei e mia figlia per averla convinta così facilmente?

COME

Credo che si possa definire "comprensione".

CHI

Lei sarebbe un buon padre.

COME

Non vorrei mai esserlo, amo la mia indipendenza.

CHI

Mia figlia avrebbe bisogno di un padre.

COME

Sua figlia avrebbe bisogno di un vero amante.

CHI

Vorrebbe esserlo lei?

COME

Non ho detto questo.

CHI

Ma in parte l'ha sottinteso.

COME

Questa è una sua supposizione. Le ricordo inoltre che lei mi abbia parlato di essere in cerca di un fidanzato per sua figlia.

CHI

Sì, mi pare di averlo detto. Ma…

COME

Ma…

CHI

Ma ora le cose forse sono cambiate.

COME

In che senso?

CHI

Nel senso giusto.

COME

"Giusto" è un aggettivo presuntuoso.

CHI

No, è soltanto un desiderio esposto alla tentazione.

COME

Sì, è vero, rischiamo di tentarci.

CHI

Ma bisogna che uno dei due cominci per primo.

COME
L'ha già fatto lei, gentile signora.

CHI
Ma lei, cortese uomo, ha accettato o ha respinto?

COME
È una domanda senza scampo.

CHI
Vorrebbe fuggire?

COME
I vili fuggono.

CHI
Allora rimanga.

COME
Con quale compito?

CHI
Con quello più difficile.

COME
Per caso rendere felice una donna?

CHI

Esattamente!

COME

E per la donna conta la felicità di un uomo?

CHI

Dipende se la meriti. Di solito si pensa di più alla felicità della donna. L'uomo ha altre risorse.

COME

Ad esempio?

CHI

Una certa libertà che una donna invece non abbia.

COME

Nessuno è libero. Le abitudini, le usanze, gli obblighi sono costrizioni.

CHI

E le violenze?

COME

Sono orrori!

CHI

Sì, gli uomini sono violenti.

COME

E le donne sanno umiliare.

CHI

Stiamo cadendo con il discorso in un agguato.

COME

È vero. L'argomento uomo-donna sarà sempre un dibattito. Non si arriverà mai a una conclusione. È sempre meglio evitarlo.

CHI

Ma entrambi siamo il fondamento della vita.

COME

Ma la supremazia, la vanità, la pretesa e l'intera società sono aspetti fragili.

CHI

Con lei si va su e giù per le salite e le discese.

COME

Almeno non offro monotonia.

CHI

Lo so, lei potrebbe offrire molto.

COME

Per adesso posso offrire una cena, fra poco. (Guardando l'ora) Anzi, è già l'ora di avviarci. Andiamo a chiamare la figlia.

CHI

L'ha detto come un padre affettuoso.

COME

Non mi pare. Lei ha una fantasia materna alquanto spiccata.

CHI

Sono una donna.

COME

Ciò non toglie che non possa moderare e reprimere un po' il suo eccesso di zelo.

CHI

Perché vuole mostrarsi antipatico?

COME

Per vizio e vezzo.

CHI

Ora è più simpatico.

COME

Così lei potrà gustare la cena con spirito più allegro.
ESCONO DI SCENA

ENTRANO IN SCENA

CHI

È stata una cena squisita.

COME

E sua figlia si è comportata bene.

CHI

Sì, ha saputo tacere spesso.

COME

Mi ha divertito quando abbia detto all'indirizzo della cameriera: la ucciderei. Di solito la curiosità e leziosità femminile porta a dire di un'altra: com'è carina.

CHI

Lei saprebbe uccidere?

COME

Cos'è questa domanda?

CHI

Così, per capire meglio come sia il suo animo.

COME

A me pare invece una domanda sconcertante.

CHI

Sì, infatti volevo scuoterla.

COME
Motivo?

CHI
Che cominciasse a corteggiarmi.

COME
Fino a che punto?

CHI
Lascio deciderlo a lei.

COME
Mi carica di una responsabilità imprevista.

CHI
Non l'aveva ancora capito che avessi e abbia voglia d'amore?

COME
Lei è molto spontanea.

CHI
Sì, diretta al proposito!

COME
Di legarmi a lei?

CHI
Sempre che lei lo desideri.

COME

Bel colpo di difesa o alibi!

CHI

Di fronte a lei sono indifesa, mi creda.

COME

Allora tutto diventa troppo facile.

CHI

Preferisce la resistenza di mia figlia?

COME

Sua figlia è raggiungibile in ogni momento.

CHI

Come l'ha scoperto?

COME

Quando, passando per il salotto, si sia mostrata nuda con l'accappatoio volutamente aperto.

CHI

E io dov'ero?

COME

In camera a prepararsi per uscire a cena appunto.

CHI

Mi scuso per mia figlia.

COME
Non si scusi, sua figlia non cambierà mai, le piace provocare e poi appagarsi.

CHI
È accaduto qualcosa tra di voi due a mia insaputa?

COME
E quando sarebbe potuto accadere?

CHI
Di notte, quando io dormissi.

COME
Non è accaduto.

CHI
Ma accadrà, vero?

COME
Continuerò a rifiutare.

CHI
Anche con me?

COME
Lei cosa vuole esattamente?
CHI

Che mia figlia trovi finalmente una sistemazione e che io possa vivere la mia vita come vorrei. Lei sarebbe l'uomo giusto per me. Ecco tutto!

COME

Faremo in modo che tutto ciò avvenga. M'impegno.

CHI

Quanti anni di differenza ci sono tra noi due?

COME

Quasi dieci.

CHI

Oh, come li porta bene! Temevo di essere più anziana.

COME

Lei è una donna attraente, non tema.

CHI

Non vedo l'ora di dimostrarglielo.

COME

Oggi, a mezzanotte.

CHI

È una fiaba?

COME

No, è realtà!

214

CHI
    Possiamo cominciare a darci del tu?

COME
    Mi chiamo Horfer e tu?

CHI
    Io sono Gerde.

COME
    Due nomi bizzarri come noi.

CHI
    Ma sono nomi caldi.

COME
    Ne sono convinto.

CHI
    Io ancor più.

COME
    Cominciamo?

CHI
    L'amore consegna anche la disputa.

COME
    Ti diverte?

CHI

Mi stuzzica.

COME

Stimolerò i tuoi capricci.

CHI

Lo so, re di cuori.

COME

E con l'asso nella sorpresa.

CHI

Sarà magnifico!

COME

Te lo prometto.

CHI

Tutte le volte che mi abbiano fatto una promessa, poi è finita in una delusione.

COME

Ma io finora non ho mai promesso, perciò sarà…

CHI

Un momento stupendo e inedito anche per me!

COME

Gerde, vuoi sapere una cosa?

CHI

Dimmi, Horfer.

COME

Ho sempre dubitato degli entusiasmi, tranne oggi.

CHI

Grazie!

ESCONO DI SCENA

COME

Ho sempre sostenuto che la convivenza fosse un percorso difficile. Oggi te l'ho dimostrato.

CHI

Non pensavo di essere una donna impossibile. Ho troppe esigenze.

COME

No, troppe pretese, è diverso.

CHI

Pretendere di essere considerata indispensabile è così astruso?

COME

Soffoca un po' l'altra persona.

CHI

Ti senti soffocato?

COME

L'ho appena spiegato.

CHI

Io non voglio soffocarti, io voglio darti.

COME

Se per dare tu intenda sempre ricevere, è il tuo un modo bizzarro di dare.

CHI

La donna va sempre capita.

COME

Condivido, ma non deve essere a scapito altrui. Penso che un po' di equivalenza ci debba essere.

CHI

Credevo che la mia presenza e la mia cucina fossero bastanti per essere apprezzata.

COME

Infatti ho sempre avuto considerazione per entrambe le cose, però ci sono anche certi momenti che io definisca preziosi e nei quali in genere una donna sia alquanto lacunosa.

CHI

Lacunosa?

COME

Sì, quante volte tu abbia interrotto certi momenti di pura intimità, quali ad esempio il discorrere profondo e la condivisione partecipe.

CHI

Alla fine, io risulterei frivola e vana?

COME

Semplicemente alquanto egoarca.

CHI

Cioè egoista.

COME

Esatto!

CHI

E quali sono ora le tue intenzioni, per caso di lasciarmi?

COME

Sei tu che ti sia, di momento in momento o a poco a poco, allontanata dal nostro modello di vita.

CHI

Ma finora siamo andati sempre d'accordo.

COME

In virtù del fatto che io abbia spesso ricucito le tue, diciamo, spensieratezze.

CHI

Sì, lo riconosco, ho esagerato con la mia vanità. Ma, ti prego, non lasciarmi, io sto molto bene con te. Migliorerò, te lo prometto.

COME

Io non esigo né accampo diritti. Non scusarti, non mi piace. Ti chiedo soltanto di capire che nella convivenza non debba sempre cedere uno solo, ma almeno un po' anche l'altro, e in questo caso tu.

CHI

Se ti chiedessi in questo momento di fare l'amore, lo faresti?

COME

L'amore intimo non va mai negato.

CHI

Tu hai sempre la risposta per ogni cosa, come fai?

COME

Semplicemente so valutare quali siano i veri valori nella vita.

CHI

Quindi fare l'amore è un valore?

COME
Certo! Ma se accompagnato con il sentimento sincero.

CHI
Tu sei sincero nell'amore?

COME
Sì, penso alla persona che in quel momento abbia tra le mie braccia.

CHI
Io invece con i passati compagni a volte pensavo a un altro.

COME
Penso che tu non sia la sola donna ad averlo fatto.

CHI
Beh, mi conforta, però non m'inorgoglisce.

COME
Sì, concordo, è alquanto umiliante.

CHI
Partiamo per quella vacanza?

COME
Per una seconda luna di miele?

CHI

Sì, io non voglio perderti!

COME

Hai per caso già pronti i bagagli?

CHI

Come mi conosci a fondo, grazie!

COME

Finché avrò l'acume di scoprire i tuoi segreti, non mi perderai mai.

CHI

Se tu non li scoprissi, te li direi io.

COME

Sei stata chiara.

CHI

Io ti amo più di quanto tu possa supporre.

COME

Io non suppongo mai.

CHI

Sei diabolico!

COME

Partiamo domani.

CHI

    Ti adoro!

COME

    Se mi farai sentire un dio, saremo sempre in viaggio.

CHI

    Io sto bene con te ovunque.

COME

    Tu sei furba come una lucertola.

CHI

    Perché mai come una lucertola?

COME

    Per il fatto che essa somigli a un coccodrillo ma sappia che non la si voglia uccidere perché faccia tenerezza.

CHI

    Mi sono incantata.

COME

    Sei diventata bellissima!

Chiudo il mio Teatro...

Riferendomi a quello che io abbia visto e udito in lungo e in largo e nei dintorni al riguardo del teatro, oggi, in questa nobile stanza di castello, chiudo il mio teatro. Mi si creda, l'arte teatrale è ormai sprofondata negli abissi più indegni, esaltando personaggi e testi davvero miseri e miserevoli, portando maggior confusione nelle menti e nei gusti del pubblico, già orientato di per sé verso abietti e infimi spettacoli. Il teatro non è banale divertimento, bensì è serio impegno a prestare attenzione ai dialoghi e ai contenuti, anche cogliendo con riflessione ogni sottile significato. Ma deve essere fornito di qualità, di pregio, di requisito e purgato dalla volgarità. Oggi è soltanto rozzo e povero! Mi basterebbe citare le rappresentazioni o recite messe in scena nei vari teatri. Però evito di fare nomi, non per timore ma per indifferenza. Mi dispiace, e quasi mi addolora, che il pubblico non possa assistere a spettacoli degni di rispetto verso il teatro. Non mi dilungo a leggere o proferire e saluto tutti con signorile gratitudine.

M.o R. J. Miali

www.ingramcontent.com/pod-product-compliance
Lightning Source LLC
Chambersburg PA
CBHW060458290526
45791CB00001B/169